VATER WERDEN FÜR ANFÄNGER

Jonas Weidner

Alles was du über Kinderwunsch, Schwangerschaft, Geburt und Baby wissen musst

Wie du als Papa deine Tochter, Sohn, Familie, Beruf und Karriere in Einklang bringst

Mit der richtigen Einstellung zur intakten Beziehung und erfüllten Sexualleben trotz Kind

2. Auflage

ISBN-13: 978-1070417509

Bonus

Auf der Seite:

www.vaterwerdenfueranfaenger.de

erhältst du mein kostenloses Download-Paket mit:

6 Checklisten:

Was kommt in die Kliniktasche

Bürokratie

Erstausstattung für dein Baby

Schwangerschaft

Sicherheit zu Hause

Vorsorgetermine

Und zusätzlich:

Anschreiben: Geburtsbericht anfordern

Excel-Gewichts-Tabelle zum Ausfüllen und ein Blanko-Gewichtsdiagramm

Umfangreicher Geburtsplan: Zum Ankreuzen und ergänzen

Antrag auf Elternzeit

Vorlage: Mitteilung der Schwangerschaft

Infoblatt: Rund um die Frauenärztin

Inhaltsverzeichnis

Vorwort

Mein Name ist Jonas Weidner. Ich lebe mit meiner Frau Claudia und meinem Sohn Erik im wunderschönen Hamburg. Ich habe Journalismus studiert und arbeite seit einigen Jahren für ein großes Online-Nachrichtenportal.

Die Zeit vor und nach der Geburt unseres Sohnes war mit vielen Fragen verbunden. Und zugleich war es auch ein interessantes Recherchethema, ich habe etliche Bücher zu dem Thema gelesen und stundenlang im Internet nach Informationen gesucht. Aus meinem persönlichen Interesse am Thema ist dann letztendlich dieses Buch entstanden.

Ich möchte meiner Frau Claudia danken. Sie hat alle Fragen ausführlich mit mir diskutiert und ihre Eindrücke sind mit in das Buch eingeflossen. Des Weiteren möchte ich auch Ulrike Kunze danken, die das Buch für mich lektoriert hat.

Das Buch richtet sich an werdende Väter und ist ein tolles Geschenk. Das Thema "Vater werden" wird ohne Schnörkel und Ausschweifungen behandelt. Es ist eine Bombe, eine Informationsbombe, die ich gelegt habe um dich mit dem Thema Kinderwunsch, Schwangerschaft, Geburt und Baby vertraut zu machen. Ich habe viel Wert auf kurze, knackige Formulierungen gelegt, und das Ganze ergänzt durch viele Checklisten, Infoboxen und weiterführende Tipps.

Ich bin gespannt auf euer Feedback.

Hamburg, den 24.04.2019

Einleitung

Der marokkanische Sultan Mulai Ismail soll 888 Kinder in 30 Jahren mit vier Ehefrauen und 500 Konkubinen gezeugt haben. Das wirst du wahrscheinlich nicht schaffen, ich auch nicht. Aber wie ein Sprichwort aus Hawaii sagt: "Eine Reise beginnt mit dem ersten Schritt in die richtige Richtung." Und du hältst dieses Buch sicherlich in deinen Händen, weil diese Reise, sprich das Thema "Vater werden" für dich gerade aktuell geworden ist.

Das Wort Vater gehört, wie die anderen Bezeichnungen für Verwandtschaftsbeziehungen, zum ältesten Teil unseres Wortschatzes. Und das Wort "Papa" kommt in 71 % der Sprachen auf der Welt vor. Und es ist gar nicht mal so unwahrscheinlich, dass dein Nachwuchs zuerst dieses Wort sagt. Mein Erik hat aber zuerst "Mama" bewusst ausgesprochen, das ich diesen Moment miterleben durfte bringt mich immer noch regelmäßig zum Lächeln, speziell in stressigen Situationen.

In meinem Buch erfährst du nicht nur alles, was mir während der Kinderwunschzeit, Schwangerschaft, Geburt und in dem ersten Jahr mit dem kleinen Erik wichtig war, sondern auch das Thema Beruf, beziehungsweise Selbstständigkeit, Beziehung, Sexualleben und auch der Umgang mit Verwandten und Freunden werden besprochen.

Warum sollte ein Mann Vater werden? Jetzt mit dem nötigen Abstand kann ich diese Frage für mich leicht beantworten und in fünf Punkten kurz zusammenfassen:

1. Ich kann endlich wieder Kind sein. Mit deinem Nachwuchs kannst du ausgelassen toben, das neueste Spielzeug ausprobieren oder Schlittenfahren.

2. Ich bin ein Held. Mein Kleiner hat inzwischen 1.000 Fragen und er vertraut (noch) vollkommen auf alle meine Antworten.

3. Ich sehe das Leben aus einer neuen, anderen Perspektive. Für uns Erwachsenen sind gerade die kleinen Dinge selbstverständlich. Kinder entdecken ihre Welt neu und lassen ihre Eltern ungefiltert daran teilhaben.

4. Ich werde gebraucht. Du wirst gebraucht, nicht von deinem Chef, sondern von deinem eigenen Fleisch und Blut – ein tolles Gefühl!

5. Ich habe mich weiterentwickelt. Als Vater wirst du dich verändern, aber keine Panik! Das Mehr an Verantwortung, Lebensinhalt und Emotionen lässt dich reifen, es entsteht eine neue, bessere Version von dir.

Also, auf geht die Reise! Viel Spaß beim Lesen und nachschlagen.

Der Kinderwunsch

Kinder sind Gäste,

die nach dem Weg fragen.

Maria Montessori

Allgemein

Wahrscheinlich hast du dieses Buch gekauft, weil du und deine Partnerin entschieden habt, dass ihr ein Kind bekommen möchtet. Und das kann erst einmal viele Fragen aufwerfen und für Verwirrungen sorgen. Mit diesem Ratgeber möchte ich euch – und besonders dir – dabei helfen, all diese Fragen zu klären und dir darüber hinaus noch einige Informationen an die Hand geben, die dir den ganzen Prozess bis hin zur Geburt erklären und erleichtern werden. Auch wenn das Baby einmal auf der Welt ist, werde ich dir hier mit Tipps und Tricks zur Seite stehen.

Doch wir starten, so wie es sich gehört, erst einmal ganz am Anfang, bei eurem Kinderwunsch.

Die wissenschaftliche Sicht

Vielleicht kennst du es bereits aus eigener Erfahrung: Sobald der Wunsch, ein Baby in die Welt zu setzen, gefasst ist, neigen Paare oft dazu, ihr Liebesleben komplett auf den Kopf zu stellen. Die Lust muss dem perfekten Zeitpunkt, dem Eisprung und damit dem Zyklus der Frau weichen. Das Paar tut alles, was es liest oder hört, um den Prozess irgendwie zu beschleunigen. Doch bringt das alles wirklich etwas oder solltet ihr es lieber langsam und in Ruhe angehen?

Die Wissenschaft lehrt uns, dass die richtige Basis für die Zeugung eines Kindes nicht der Kalender, sondern du – der Mann – sein sollte. Ja, es klingt zu schön, um wahr zu sein, doch du solltest das Zepter in die Hand nehmen und den Rhythmus bestimmen. Dafür gibt es sogar eine ganz simple Erklärung. Die Natur hat dich mit Instinkten ausgestattet, die dich unbewusst erkennen lassen, wann der Eisprung deiner Partnerin stattfindet. Automatisch möchtest du dann mit ihr schlafen.

Der Beweis hierfür kann auch in der Tierwelt beobachtet werden. Das Gorillamännchen, das uns anatomisch sehr ähnlich ist, bekommt von seinem Weibchen auch keinen Kalender vorgehalten, der ihm zeigt, in welcher Woche ihres Zyklus sie sich gerade befindet. Nein, das Männchen erkennt dank seines Instinktes, dass nun die beste Zeit ist, um Nachwuchs zu zeugen und genau dann möchte er sich mit ihr paaren. Anders ist es beim Menschen auch nicht.

Auch was den natürlichen Eroberungstrieb des Mannes angeht, können wir uns von unseren tierischen Freunden etwas abgucken. Sogar unsere eigene, weit zurückliegende Vergangenheit bestätigt, dass der Mann der Jäger ist. Er will seine Frau erobern und dann dafür sorgen, dass es ihr gut geht. Nur so erlangt er eine gewisse Zufriedenheit mit sich selbst, die bei der Zeugung eines Kindes besonders wichtig ist. Sie erhöht deinen Testosteronwert, der wiederum für gesunde Spermien sorgt. Und ohne die wird es bekanntlich schwierig, ein Baby in die Welt zu setzen. Reißt deine Partnerin also all die Aufgaben, die die Natur eigentlich für dich vorgesehen hat, an sich, kann es schnell passieren, dass du dich ein wenig entmannt fühlst. Und selbst, wenn du das anfangs nicht unbedingt auf diese Art wahrnimmst, so nimmt die Anzahl deiner zeugungsfähigen Spermien ab. Und das sollte gerade jetzt auf keinen Fall passieren. Mach deiner Partnerin also klar, dass es auch für sie am besten ist, wenn du den Ton angibst!

Die wichtigsten *Verkehrsregeln*:

Stellung wählen, in der das Ejakulat tief eindringen kann (Missionarsstellung, Hündchenstellung, Sex von der Seite)

Orgasmus der Partnerin nach oder zeitgleich mit deinem, damit die Gebärmutter die Spermien besonders gut aufnehmen kann

Für deine Partnerin: Nach dem Geschlechtsverkehr eine Stunde lang mit erhöhtem Gesäß (z. B. durch ein Kissen) liegen

Unterschiede zwischen dir und deiner Partnerin

Statistiken belegen, dass dein Kinderwunsch oft von gewissen Faktoren abhängt. So richtet ein Mann sich bei diesem Verlangen beispielsweise in erster Linie nach seiner Partnerin. Wenn sie also noch nicht bereit ist, schwanger zu werden, bist du es mit großer Wahrscheinlichkeit auch noch nicht. Daneben spielen auch noch die Erfahrungen, die du in deiner Kindheit gemacht hast, der Erfolg in deinem Beruf und dein Alter eine Rolle.

Bei Frauen setzt der Wunsch, ein Kind zu bekommen, meist aufgrund anderer Aspekte ein. Natürlich ist es für sie nicht unwichtig, wie sie beruflich aufgestellt sind und heutzutage rechnen viele auch aus, ob sie sich ein Baby rein finanziell leisten können. Doch diese Überlegungen setzen bei ihnen erst dann ein, wenn der Kinderwunsch bereits gefasst ist. Vielmehr möchte deine Partnerin aber ihrem Leben einen Sinn geben, Erfahrungen und Wissen weitergeben, sich selbst und eure Partnerschaft weiterentwickeln. Außerdem setzt der Wunsch bei ihr oft in sehr viel geringerem Alter ein als bei dir. Während du dich noch austoben und dich selbst ausprobieren möchtest, fängt sie bereits mit Anfang 20 an, daran zu denken, eine Familie zu gründen. Vergleichsweise geht aus Umfragen und Statistiken hervor, dass das bei Männern durchschnittlich 10–15 Jahre später einsetzt!

Das liegt auch gar nicht daran, dass sie dich früher fest an sie binden möchte – oder du genau dafür noch nicht bereit bist. Nein, die Natur hat die Geschlechter so ausgestattet. Denn während bei dir die Zeugungsfähigkeit erst mit 35 anfängt leicht abzunehmen, hat eine Frau, die in diesem Alter ein Kind bekommt, bereits eine sogenannte *Risikoschwangerschaft* (zu diesem Thema später mehr).

Einige *Apps*, die euch beim Kinderwunsch begleiten:

- Clue – Menstruationskalender
- Ladytimer – Eisprungkalender
- Eltern.de – Fruchtbarkeitskalender
- Urbia – Eisprungkalender
- Baby Planner

Beim Essen auf den Instinkt verlassen

Möglicherweise hast du auch schon festgestellt, dass deine Partnerin in letzter Zeit vermehrt darauf achtet, was sie oder sogar ihr beide esst. Und das hat genau zu dem Zeitpunkt eingesetzt, als der Kinderwunsch aufkam? Wahrscheinlich hängt das mit dem Irrglauben zusammen, der Verzicht auf gewisse Nährstoffe, beispielsweise Zucker, könnte die Zeugung eines Kindes beschleunigen. Das ist so aber nicht ganz richtig. Zwar gibt es einige Nährstoffe, die den Hormonhaushalt tatsächlich positiv beeinflussen, eine komplette Umstellung der Ernährung führt aber nicht zur Schwangerschaft.

Viel wichtiger ist es, beim Essen dem eigenen Instinkt zu vertrauen. Der verrät einem nämlich ganz genau, was der Körper gerade braucht. Natürlich ist das in der heutigen Zeit gar nicht mehr so einfach, wie es sich zunächst anhört. In unseren Köpfen haben wir schon längst eine Liste erstellt, in welcher wir Lebensmittel nach *Gut* und *Böse* einteilen.

Wenn du dich aber nun einmal an deine eigenen Kindertage zurückerinnerst, wirst du merken, dass du es damals noch konntest. Früher wusstest du ganz genau, wann du essen oder trinken musstest und auch wonach dein Körper lechzte. Mit der Zeit hat der Mensch dann verlernt, auf das innere Kind zu hören. Stattdessen vertrauen wir Gesundheitsratgebern und Zeitschriften, die uns nun mal sagen, dass der böse Zucker dick macht und zu viel Salz unseren Nieren schadet. Ganz automatisch speichern wir diese Information ab und versuchen diese Nährstoffe so gut wie möglich komplett aus unserer Ernährung zu streichen.

Doch wer sagt, dass ein Kind zu viel Salz isst? Hört es nicht irgendwann von allein wieder auf? Genau das tut es. Und zwar dann, wenn es die Mineralstoffe aufgenommen hat, die sein Körper benötigte. Besonders in der Zeit, in der du und deine Partnerin versuchen, ein Baby zu zeugen, solltet ihr wieder damit anfangen, auf euren Instinkt zu hören. Verzichtet darauf, Lebensmittel zu streichen, die ihr zuvor als *böse* abgestempelt habt. Denn die Körpersignale verraten euch, was euer Organismus benötigt. Neben einem sehr ausgewogenen Lebensstil, den jeder Mensch braucht, um gesund zu sein, werden die dadurch entstehenden Glückshormone wahre Wunder wirken! Außerdem lebt es sich auch viel stressfreier, wenn man nicht ständig über eine falsche oder richtige Ernährung nachdenkt. Und Stress ist, wie jeder weiß, Gift für den Körper, besonders dann, wenn er sich eigentlich darauf konzentrieren soll, schwanger zu werden.

TIPP: Leber stärken

Das lebenswichtige Organ ist an der Hormonausschüttung ausschlaggebend beteiligt und spielt daher in der Kinderwunschzeit eine besonders wichtige Rolle. Das stärkt die Leber:

- Lebensmittel mit bitterem Geschmack (wie Grapefruits, Artischocken, Brokkoli, Kohl, Kräutertees u. v. m.)
- Möhrensaft (am besten frisch, aus Bio-Möhren und morgens auf nüchternen Magen)
- Wärmflasche als Leberwickel – die Leber muss viel Energie aufwenden, um ihre Temperatur zu halten. Mit einer Wärmflasche wird sie entlastet und kann sich um ihre eigentlichen Aufgaben, wie die Bildung verschiedener Hormone, konzentrieren

Medizinischer Beistand – das A und O

Viele Wunscheltern suchen viel zu spät einen Arzt auf, der sie vollumfänglich in allen Aspekten beraten kann. Dabei sollte der Gang zum Gynäkologen ganz oben auf der Liste stehen, denn er widmet sich seinen Patientinnen sorgfältig, kann in mögliche Unregelmäßigkeiten des weiblichen Zyklus eingreifen und ganz wichtig: Er erklärt, führt Gespräche, kennt sich aus und gibt Tipps.

Das tut der Frauenarzt, wenn das Baby auf sich warten lässt

- Feststellung des Gesundheitszustandes (liegen Entzündungen vor?)
- Zyklusmonitoring (wie lange dauert der Zyklus und wann findet der Eisprung statt?)
- Überprüfung der Gebärmutterschleimhaut
- Untersuchung des Zervixschleimes (ist er beim Eisprung dehn-

bar?)

- Untersuchung der Hormonlage
- Als allerletzte Instanz eine Bauchspiegelung

Der Frauenarzt ist nicht zu verwechseln mit einer Kinderwunschklinik, in der man sich einer künstlichen Befruchtung unterziehen kann – das sollte nämlich erst die letzte Instanz sein. Besucht eine solche Klinik tatsächlich erst dann, wenn es auf natürlichem Wege nicht klappt. Denn hier geht es dann ganz und gar nicht mehr um die Gesundheit deiner Partnerin, sondern nur noch um die Befruchtung. Heutzutage schwebt diese Möglichkeit immer im Hinterkopf eines Paares. Als unsere Eltern hingegen in der Situation waren, sich ein Kind zu wünschen, waren diese Klinken noch nicht so etabliert. Damals lag zwischen den Behandlungsintervallen viel Zeit. Diese wurde genutzt, um es weiter auf natürlichem Wege zu versuchen und siehe da: Meistens hat genau das dann geklappt.

Eigentlich hat sich heute doch nichts geändert, außer der Tatsache, dass zwischen den Behandlungen nicht mehr viel Zeit verstreicht. Deine Partnerin wird das viel Kraft kosten, die sie eigentlich besser für die Schwangerschaft aufheben sollte. Irgendwann ist natürlich der Moment für diesen Schritt gekommen. Und wenn ihr dann den Weg einer künstlichen Befruchtung geht, so gönnt euch Zeit, bittet um größere Pausen zwischen den Behandlungen und versucht es auch dann weiterhin auf dem natürlichen Weg – warum denn auch alle Hoffnung auf die eine kraftraubende Möglichkeit setzen? Schließlich sind schon so viele Frauen zuvor genau in dem Moment schwanger geworden, in dem sie die natürliche Befruchtung verwarfen und auf ihre erste Behandlung warteten. Besonders dir ist in dieser Zeit geraten, dich durchzusetzen. Der noch nicht erfüllte Kinderwunsch wird an deinen Nerven zehren und diese Situation ist auch für dich keine einfache. Deine Partnerin hat zu diesem Zeitpunkt aber schon längst damit angefangen, sich die Schuld zu geben und sie hat Angst, ihrer Aufgabe als Frau nicht gerecht zu werden. Sie wird also alles tun, um den Prozess zu beschleunigen und wie vorher schon erwähnt: Das Wichtigste ist, dass ihr euch Zeit lasst und euch nicht unter Druck setzt.

TIPP: Zusätzliche Hilfe in Anspruch nehmen

Besucht zusätzlich eine Hebamme, einen Heilpraktiker oder einen Physiotherapeuten, der/die als Kinderwunschtherapeut ausgebildet ist. Dieser wird euch weitere Unterstützung bieten, egal ob ihr auf dem natürlichen oder auf dem künstlichen Wege zu eurem Baby seid.

Auch du kannst in dieser Zeit übrigens einen Arzt aufsuchen. Ein Androloge untersucht die Qualität deiner Spermien anhand eines sogenannten Spermiogramms. Er wird dich beraten und dir erklären, wie es weiter geht. Sollten die Untersuchungsergebnisse nicht optimal ausfallen, so hilft er dir dabei, eine angemessene Therapieform zu finden. Auch falls du eine Entzündung in dir trägst, die eine Befruchtung behindern könnte, kann der Facharzt es feststellen und behandeln. So steht einer Schwangerschaft dann nichts mehr im Wege.

Nährstoffe, die dir dabei helfen, die Qualität deiner Spermien zu verbessern

- **Zink:** Wichtig für den Aufbau der Erbsubstanz und des Zellwachstums. Hilft auch beim Erhalten eines gesunden Testosteronspiegels
- **B-Vitamine:** Fördern die Spermienqualität und die Fließeigenschaften des Blutes.
- **Mönchspfefferpräparate:** Steigern die Spermienreife und beeinflussen den Testosteronspiegel und die Orgasmusfähigkeit.
- **Ingwer:** Wirkt antibakteriell und entzündungshemmend und kann bei leichten Entzündungen oder Reizungen der Geschlechts- und Harnwegsorgane helfen.

Wenn es nicht klappt

Eine starke psychische Belastung ist es für euch beide, wenn der Kinderwunsch zunächst unerfüllt bleibt. Das kann verschiedene Ursachen haben, es muss also nicht immer gleich an der Unfruchtbarkeit eines Partners liegen. Der Frauenarzt oder auch der Androloge können mithilfe unterschiedlicher Untersuchungen feststellen, woran es wirklich liegt. Der häufigste Grund ist ein fehlender Eisprung, bei dem Behandlungen mit Medikamenten zur Zyklusregulierung bereits helfen können. Manchmal liegen auch eine vorübergehende Unfruchtbarkeit, Entzündungen oder Infektionen vor. Wenn es nicht gleich klappt, gilt also nicht direkt das Handtuch zu werfen, sondern erst einmal Ruhe zu bewahren, dem Facharzt eure Sorgen mitzuteilen und gemeinsam mit ihm oder ihr eine Lösung zu finden.

Bleibt der Wunsch unerfüllt gibt es noch die Möglichkeit einer künstlichen Befruchtung. In einer speziellen Klinik werden dann weitere Untersuchungen und Beratungen durchgeführt. Die Behandlungsmöglichkeiten variieren und in manchen Situationen übernimmt die Krankenkasse sogar die Kosten hierfür. Wenn auch diese Möglichkeit nicht klappt, so bleibt als letzte Instanz noch die Adoption oder die Aufnahme eines Pflegekindes.

Natürlich ist ein unerfüllter Kinderwunsch meist eine psychische Belastung, die besonders bei Frauen oft zu Depressionen führt. Sollte dies der Fall sein, ist es außerordentlich wichtig, dass keiner versucht, allein damit fertig zu werden. Jeder von euch kann sich sicher sein, dass auch der andere Partner diese Sorgen versteht und nachvollziehen kann. Redet also stets gemeinsam darüber. Meist ist es auch hilfreich, eine professionelle, psychologische Beratung hinzuziehen. Manche Therapeuten sind genau auf dieses Thema spezialisiert und haben eine lange Ausbildung genossen, um den Betroffenen aus den Depressionen herauszuhelfen.

Die Angst vorm Vater werden

Wie schon erwähnt, geht der Wunsch, ein Kind zu bekommen, meist von deiner Partnerin und nicht von dir aus. Während sie bereits jetzt eine Art Muttergefühl entwickelt, das dafür sorgt, dass sie fast ausschließlich an die schönen Seiten des Elternwerdens denken kann, so gehen dir oft viele Sorgen durch den Kopf. Diese verhindern, dass du dich bereit fühlst und schnell vergisst du, dass ein eigenes Kind tatsächlich auch viele Freuden mit sich bringt.

Die ersten Zweifel entstehen scheinbar wie von allein. Sehr schnell fühlt man sich als Mann in seiner Freiheit eingeschränkt und nicht selten fragt der Mann sich, wie es genau um diese gestellt ist, wenn er erst einmal Vater ist. Ganz nach dem Motto: *Einfach tun, was ich gerade will. Das ist doch dann vorbei, oder nicht?*

Besonders aber, was deinen Beruf und dein Gehalt angeht, schwirren dir vermutlich viele Fragen durch den Kopf. *Kann ich mir wirklich ein Baby leisten? Verdiene ich denn genug Geld, um meine Familie durchzubringen? Schaffen wir das, wenn das Gehalt meiner Partnerin zwischenzeitlich wegfällt?* Lass dir an dieser Stelle direkt eines sagen: Mit diesen Ängsten und Zweifeln bist du nicht allein. Schon viele werdende Väter haben sich genauso gefühlt und sie haben Wege gefunden, diesen Ängsten zu begegnen.

Gemeinsam Lösungen finden

Bereit, ein Kind zu bekommen, fühlst du dich vermutlich erst dann, wenn du dich ausgelebt hast, wenn du die große Fernreise von deiner To-do-Liste streichen konntest und vor allem dann, wenn du in deiner Karriere genau da angekommen bist, wo du immer hin wolltest. Mit beiden Füßen im Berufsleben, ein sicheres Einkommen, das bisher für das hübsche, aber nicht so praktische Auto vor Tür, den riesigen Smart-TV und zahlreiche Freizeitaktivitäten ausgegeben wurde. Idealerweise sieht es im Leben deiner Partnerin nicht ganz anders aus.

Nun wartet auf einmal eine ganz neue Rolle auf dich. Eine, auf die du dich trotz deines bisher geführten Erwachsenenlebens in keinster Weise vorbereiten konntest. Auf einmal sollst du der Versorger einer ganzen Familie werden. Die Mama wird erst einmal zu Hause bleiben, wenn das Baby geboren ist und ihr Gehalt fällt bis auf denen kleinen, mickrigen Teil, der Elterngeld genannt wird, weg und du trägst die Verantwortung, euch finanziell über Wasser zu halten. Ganz klar, das klingt erstmal beängstigend. Verschiedene Hilfsmittel und Beratungsstellen können dir nun helfen, deine Ängste zu überwinden und deine Fragen zu klären.

Fertige doch zunächst einmal eine Liste an, auf der du all die Ausgaben aufschreibst, die ihr momentan habt. Suche diejenigen heraus, auf die ihr unter keinen Umständen verzichten könnt, beispielsweise Lebenshaltungskosten wie Miete oder Strom. Füge dann die zu erwartenden Mehrkosten hinzu, für die das Baby sorgen wird. Dann hast du schon einmal eine grobe Summe und du kannst am besten gemeinsam mit deiner Partnerin Pläne schmieden und nach Lösungen suchen.

Statte auch der Personalabteilung deines Unternehmens einen Besuch ab. Hier kann man dir genau vorrechnen, was mit deinem Gehalt geschieht, wenn dein Kind da ist und deine Partnerin zeitweise nicht arbeiten geht. Steuerlich wirst du dann nämlich einen Vorteil haben, an den du bisher vermutlich noch nicht gedacht hast. In Deutschland gibt es außerdem viele Stellen, die sich um Familien kümmern und ihnen bei Fragen und Sorgen weiterhelfen. Nutze die Chance also auch und scheu dich nicht davor, dir bei Einrichtungen wie Pro Familia oder Caritas einen Beratungstermin oder auch mehrere geben zu lassen.

Eine weitere Liste kann dazu dienen, euch zu überlegen, welche Dinge ihr noch auf euren individuellen To-do-Listen stehen habt. Was davon sollte erledigt werden, bevor euer Baby auf die Welt kommt und was lässt sich im Endeffekt sogar mit dem Nachwuchs vereinen? Dadurch wirst du sehen, dass du dich gar nicht so sehr einschränken musst.

Das wichtigste ist aber auch bei diesem Thema, dass du und deine Partnerin jederzeit offen miteinander sprecht. Keiner von euch sollte sich allein auf die Suche nach einer Lösung machen oder alle Sorgen in sich hineinfressen. Aber ihr werdet beide feststellen: Sobald das Baby einmal da ist, werden all die Zweifel und Ängste um Gehalt und Freiheiten auf einmal wie weggeblasen sein.

Vater werden in der Ausbildung, bei der Bundeswehr und als Selbstständiger – geht das?

Bisher sind wir davon ausgegangen, dass du in deiner Karriere bereits dort angekommen bist, wo du hin wolltest. Was aber, wenn du noch mitten in deiner **Ausbildung** steckst? Die finanziellen Fragen sind in diesem Fall natürlich ganz andere, als beim Familienvater, der bereits seine feste Stellung in einem Unternehmen gefunden hat. Doch auch in dieser Situation brauchst du nicht den Kopf in den Sand zu stecken.

Während eine Einnahmen- und Ausgabenliste zwar wichtig ist, wird sie dir womöglich in diesem Moment deine Sorgen nicht nehmen können. Für dich ist es besonders wichtig, Beratungsstellen aufzusuchen, die dir deine Möglichkeiten aufzeigen. Während deiner Ausbildung bieten dir verschiedene staatliche Einrichtungen sowohl finanzielle als auch betreuerische

Unterstützung. So übernimmt das Jugendamt beispielsweise Betreuungskosten und die Bundesagentur für Arbeit kann mit einem sogenannten Bildungsgutschein helfen, der für viele verschiedene Kosten aufkommt.

Und, wenn du bei der **Bundeswehr** bist? Die ist vermutlich sogar einer der besten Arbeitgeber, wenn es um die Vereinbarkeit von Beruf und Familie geht. So sind die Vorgesetzten verpflichtet, die familiären Bedürfnisse der Soldaten zu beachten und auch eine Kinderbetreuung ist jederzeit gewährleistet. Berufssoldaten wird, sobald sie eine Familie gegründet haben, nicht mehr auferlegt, in Krisengebiete zu reisen. Auch hier gilt es, die Beratungsstelle aufzusuchen. Die heißt bei der Bundeswehr Familienservice und wird dir und deiner Partnerin bei allen offenen Fragen weiterhelfen.

Auch bei **Selbstständigen** sehen die Sorgen wieder ganz anders aus. Von einem festen Einkommen kann nur die Rede sein, wenn auch durchgehend Leistung erbracht wird. Muss eine Familie ernährt werden, so ist der Druck durchaus höher als bei Festangestellten? Demnach ist die richtige Planung enorm wichtig. Stelle zusammen mit deiner Partnerin einen Plan auf, wann du Zeit für die Familie, die Arbeit, die Partnerschaft, aber auch deine eigenen Bedürfnisse hast. Informiere dich frühzeitig, wenn du ein Elterngeld beantragen möchtest, denn das steht auch Selbstständigen zu. Solltest du dich entscheiden, weniger zu arbeiten und mehr für deine Familie da zu sein, lass dich auch bei Krankenkassen und Vereinen beraten, ob Mitgliedsbeiträge vergünstigt oder zeitweise eingespart werden können. Wichtig ist aber auch, deine Kunden nicht zu enttäuschen. Kläre mit ihnen Zeiten ab, in denen du erreichbar bist und delegiere Aufgaben ggf. an Berufskollegen, damit diese weiterhin zuverlässig erledigt werden.

Die Schwangerschaft

Die medizinische Forschung
hat so enorme Fortschritte gemacht, dass
es überhaupt keine gesunden Menschen mehr gibt.
Aldous Huxley

Vom Babywunsch zur Schwangerschaft

Endlich ist es so weit. Der Wunsch ist gefasst, ihr seid euch einig: Ihr wollt ein Kind bekommen. Deine Partnerin setzt sich wahrscheinlich schon seit Längerem mit verschiedenen Themen auseinander, die nun auch für dich interessant werden. Die Schwangerschaft besteht jedoch aus vielen Dinge, die eigentlich kein Mann so richtig verstehen kann. Viele Fragen drängen sich auf und ich möchte dir helfen, Antworten zu finden.

Das ideale Alter

Während du fast dein ganzes Leben lang ein Baby zeugen kannst, sieht es bei deiner Partnerin ganz anders aus. Sobald sie in den Wechseljahren ist, kommt es zu Schwankungen in ihrem Zyklus und der Eisprung wird seltener. Das bedeutet, ihre Chance ein Baby zu bekommen nimmt ab, bis es dann irgendwann komplett vorbei ist. Durchschnittlich passiert das im Alter zwischen 45 und 55 Jahren – ein langer Zeitraum, den auch kein Arzt vorhersehen kann.

Am fruchtbarsten ist deine Partnerin hingegen, wenn sie zwischen 20 und 29 Jahren alt ist. Rein biologisch betrachtet ist dies also die beste Lebensphase, um ein Kind zu bekommen. Die Fruchtbarkeit sinkt dann ab 30. Jahren. Doch das soll euch auf keinen Fall entmutigen, denn wenn wir uns umschauen, können wir sehen, dass sich der Trend heutzutage zu einer eher späten Schwangerschaft hin entwickelt. Und viele Frauen mit 35 oder sogar 40 machen vor, dass es sehr wohl noch klappen kann.

Mögliche Komplikationen

Ist deine Partnerin 35 oder älter, so steigt das Risiko einer Chromosomenstörung beim Baby? Eine der häufigsten und bekanntesten Störungen dieser Art ist das Down-Syndrom, eine Kombination aus geistigen Einschränkungen und körperlichen Fehlbildungen. Grund hierfür ist, dass mit steigendem Alter das Cohesin in den Eizellen der Frau, das für die Stabilisierung der Chromosomen zuständig ist, an Kraft verliert und seine Aufgabe nicht mehr richtig erledigen kann. Doch auch die Kinder jüngerer Mütter können davon betroffen sein. Beim Frauenarzt werden Fruchtwasseruntersuchungen durchgeführt, mit denen eine solche Störung erkannt werden kann. Obwohl das erhöhte Risiko besteht, zeigen Statistiken aber, dass die meisten Kinder älterer Mütter ohne gesundheitliche Einschränkungen zur Welt kommen.

Das Risiko, dass die Schwangere unter Bluthochdruck oder Schwangerschaftsdiabetes leidet, ist ab 35 beinahe doppelt so hoch. Doch auch hier besteht erst mal kein Grund zur Panik, denn der Gynäkologe ist auf diese Umstände vorbereitet und überwacht die Patientin eingehender, um mögliche Folgen oder Komplikationen zu vermeiden. Zudem kann es aus verschiedenen gesundheitlichen Gründen, wie einer tief liegenden Plazenta oder Beschwerden des Nervensystems erforderlich sein, das Kind per Kaiserschnitt zu bekommen. Das kann zwar auch bei einer jüngeren Mutter der Fall sein, aber genau wie Schwangerschaftsdiabetes treten diese Komplikationen ab einem gewissen Alter häufiger auf.

Psychologen sind hingegen der Meinung, dass die besten Mamas und Papas die Älteren sind. Die Erklärung ist einfach und einleuchtend: Wer viel erlebt hat, kann auch viel weitergeben. Hinzu kommt, dass 20-Jährige sich oft noch selbst *finden* und viel ausprobieren müssen, 30- oder 40-Jährige haben diese Phase bereits hinter sich gelassen. So sind sie eher bereit, ihre eigenen Bedürfnisse zurückzustellen. Natürlich trifft auch dies nicht auf jedes Paar zu.

Die Anti-Baby-Pille

Deine Partnerin nimmt die Pille und ist nun trotzdem schwanger. Unmöglich? – Nein, das kann tatsächlich passieren. Obwohl sie mit 99,9 % im Vergleich mit anderen Verhütungsmitteln einen besonders verlässlichen Schutz bietet, sorgt die Pille zum Glück nicht dafür, dass eine Frau unfruchtbar wird. Wenn sie trotz der Einnahme schwanger wird, liegt das allerdings eher selten an dem Hormonpräparat. Meist steckt dahinter ein vermeintlich *kleiner* Anwendungsfehler. Denn so sicher die Pille bei richtiger Einnahme auch ist, manche Faktoren schränken ihre Wirksamkeit ein.

Das schränkt die Wirksamkeit der Anti-Baby-Pille ein:

- Zu späte oder vergessene Einnahme
- **Wechselwirkungen** mit Medikamenten wie Antibiotika oder Antihistaminika
- Magen-Darm-Beschwerden oder -Entzündungen
- Stoffwechselerkrankungen wie Mukoviszidose
- Nichtbeachten des **Ablaufdatums**
- Hoher Zigarettenkonsum
- Starkes **Untergewicht**
- Falsche Lagerung

In der Regel gilt aber, dass eine Frau erst drei bis zwölf Monate, nachdem sie die Pille abgesetzt hat, schwanger werden kann. Das liegt vor allem daran, dass der weibliche Zyklus mit der Einnahme der Hormone durcheinander gebracht wird und er sich erst wieder normalisieren muss. Vor dem Absetzen der Pille ist es ratsam, den Frauenarzt zu informieren, damit dieser deiner Partnerin mögliche Folgeerscheinungen erklären kann. Wichtig ist auch, dass sie ihre aktuelle Blister-Packung noch bis zum Ende durchnimmt, damit es zur gewohnten Zeit zur Abbruchblutung kommt.

Schwangerschaftsanzeichen

Eine ausbleibende Monatsblutung ist womöglich das bekannteste und deutlichste Zeichen dafür, dass deine Partnerin nun schwanger ist. Das könnt ihr aber auch schon viel früher bemerken. Andauernde Müdigkeit, Übelkeit – besonders am Morgen – ein Völlegefühl oder ein Spannungsgefühl in den Brüsten sind oft auch Anzeichen für eine Schwangerschaft. Insbesondere dann, wenn sie gemeinsam auftreten. Auch ein vermehrter Harndrang, Schwindel, Heißhunger oder der Ekel vor zuvor geliebten Nahrungsmitteln, können darauf hindeuten. Oft setzt das aber erst später ein.

Die besten Schwangerschafts-Apps:

- Keleya
- Embroyotox
- Schwanger & Essen
- Schwangerschaft+
- Meine Schwangerschaft und mein Baby heute
- Sprout

Apps speziell für werdende Väter:

- Papa App
- Vater werden (nur für iOS verfügbar)
- Hurra, ich werde Vater!

Checkliste: Schwangerschaft

Erstes Trimester

- Die werdende Mama muss ab jetzt ihren Mutterpass immer mit sich tragen
- Deine Partnerin muss die Schwangerschaft beim Arbeitgeber anmelden
- Hebamme suchen

Zweites Trimester:

- Geburtsvorbereitungskurs suchen
- Klinik oder Geburtshaus wählen
- Ggf. nach einem Krippenplatz suchen

Drittes Trimester:

- Erstausstattung für das Baby holen (Kleidung vor dem ersten Tragen waschen!)
- Anträge auf Kinder- und Elterngeld ausfüllen
- Bei Krankenkassen nachfragen, wie euer Kind versichert werden kann
- Wenn du Elternzeit beantragen möchtest, musst du das bis sieben Wochen vor ihrem Beginn tun
- Transport zur Klinik planen
- Kinderarzt für U3 und U2 suchen
- Wenn ihr nicht verheiratet seid, müsst ihr die Vaterschaft beim Standesamt beantragen, um das gemeinsame Sorgerecht zu erhalten

Hurra, endlich schwanger!

Der Test beim Gynäkologen hat es bestätigt. Deine Partnerin ist schwanger, ihr werdet ein Baby bekommen. *Was wird sich jetzt alles ändern? Was gibt es zu beachten? Was kannst du tun, um deine Partnerin zu unterstützen?* Jetzt, wo du Papa wirst, möchtest du Antworten auf diese Fragen finden und bestimmt interessiert dich auch, was nun genau im Körper deiner Partnerin vor sich geht.

Das erste Trimester

Obwohl in der Anfangszeit rein optisch noch nicht viel zu sehen ist, ändert sich in den ersten drei Monaten sehr viel im Körper deiner Partnerin. Er bereitet sich auf euer Baby vor und muss sich dafür komplett umstellen. Das Resultat: Ein ansteigender Hormonspiegel, der für ein Wechselbad der Gefühle sorgt, ein sich verändernder Stoffwechsel, der Müdigkeit, Kopfschmerzen, Schwindel und Übelkeit hervorruft und ein Mutterkuchen, der sich entwickelt und mit seinem Hormon HCG ebenfalls ein Auslöser für Übelkeit ist. Die Brüste bereiten sich auf die Milchproduktion vor, werden dadurch größer und vor allem besonders empfindlich. Dazu kommt dank der hormonellen Umstellungen auch ein verstärkter vaginaler Ausfluss. Solange dieser weiß ist und keine Schmerzen verursacht, deutet der zwar auf eine gesunde Scheidenflora hin und ist absolut kein Grund zur Sorge, nervig ist es für deine Partnerin aber dennoch.

Die ersten Monate gelten als kritischste Phase der Schwangerschaft. Das liegt mit daran, dass der Körper jetzt eine besonders wichtige Aufgabe hat, nämlich die Organe, Gliedmaßen und Nervenzellen des Fötus zu bilden. Das geschieht bis zur zwölften Schwangerschaftswoche und schon ab der fünften könnt ihr beim Ultraschall den Herzschlag eures Babys hören.

Gegen Ende des ersten Trimesters ist der Fötus vollständig geformt und etwa neun Zentimeter lang und 50 Gramm schwer.

TIPP: Aufgeblähter Bauch am Abend

Habt ihr schon bemerkt, dass der Bauch deiner Partnerin am Abend aufgeblähter ist als am Morgen? Das ist vollkommen normal und liegt daran, dass die hormonelle Veränderung auch Auswirkungen auf ihre Verdauungsorgane hat. Ihr Körper muss stärker mit der Nahrung kämpfen und mehr arbeiten, um sie verdauen zu können. So entsteht der Blähbauch. Mein Tipp: mehr Ballaststoffe und weniger Zucker!

Das zweite Trimester

Ab der 14. Schwangerschaftswoche spricht man vom zweiten Trimester. Nun hat sich der Organismus deiner Partnerin daran gewöhnt, dass ein Baby in ihr heranwächst und es geht ihr deutlich besser. Auch die Übelkeit ist bei den meisten Schwangeren wie weggeblasen. Die häufigsten Beschwerden, die nun auftreten, werden von den Organen verursacht, auf die das wachsende Baby ordentlich drückt. Das äußert sich in Schmerzen an verschiedenen Stellen des Bauches, vermehrtem Harndrang und Sodbrennen.

Nun aber zu den schönen Seiten: Während im ersten Trimester höchstens eine kleine Wölbung am Bauch erkennbar ist, so kann man jetzt deutlicher sehen, dass deine Partnerin schwanger ist. Ihr Bauch fängt meist unterhalb des Bauchnabels an, zu wachsen und formt sich zu einer Kugel. Wie genau sich der Bauch verändert, hängt aber vor allem von ihrer Statur, ihrer Fitness, ihrem Essverhalten und der Lage des Babys ab, die von Frau zu Frau und sogar von Schwangerschaft zu Schwangerschaft unterschiedlich sein kann.

Neben der Begeisterung über den erkennbaren Babybauch kannst du dich auch darauf freuen, dein Baby selbst zu spüren. Denn nun fängt es an, sich mit Tritten bemerkbar zu machen, die nicht nur deine Partnerin in ihrem Inneren wahrnimmt, sondern auch du, wenn du deine Hand auf ihren Bauch legst. Auch erkennt der Frauenarzt jetzt das Geschlecht – vorausgesetzt das Baby hat es sich in einer guten Lage bequem gemacht und zeigt sich.

Gegen Ende des zweiten Trimesters hat es ungefähr die Größe einer Aubergine, wiegt bis zu 500 Gramm, kann tasten, fühlen und hören, was ihr sagt. Es ist also die richtige Zeit, um mit dem Geschichtenerzählen oder Singen anzufangen.

Blutzuckertest

Ansteigender Zucker im Blut kann zu Komplikationen, einer chronischen Diabeteserkrankung oder Bluthochdruck führen und daher wird der Glukosetoleranztest, kurz OGTT, zwischen der 24. Und 28. Schwangerschaftswoche durchgeführt. Hierbei muss deine Partnerin Glukose trinken und dann wird bestimmt, ob ihr Körper sie wieder abbauen kann. Liegt ein erhöhter Wert vor, wird der Arzt ihn überwachen, normalisieren und ggf. sogar mit Insulin behandeln.

Das dritte Trimester

Der Endspurt der Schwangerschaft, das dritte Trimester, wird von Schwangeren oft als das Anstrengendste beschrieben. Bereite dich darauf vor, dass deine Partnerin sich ständig hinlegen möchte und oft schlechte Laune hat.

Warum es nun so anstrengend für sie ist? Gegen Ende des zweiten Trimesters hat es bereits angefangen, doch nun macht es sich so richtig bemerkbar: Ihre Organe sind im Weg und müssen dem Baby Platz machen. Die Lunge wird nach oben gedrängt, was zu Atemnot führen kann und sogar in Kreislaufbeschwerden und Herzrasen resultiert. Der Magen, der im Bauch nun die schwierigste Position hat, bekommt am meisten ab. Er wird zusammengedrückt, wodurch weniger Platz für die Nahrungsaufnahme gegeben ist und Magensäure in die Speiseröhre steigt. Die Folgen: ein Völlegefühl und Sodbrennen. Auch der Darm wird von der Gebärmutter nach hinten oder nach oben gedrückt und stark eingeengt. So entstehen automatisch Verstopfungen und noch mehr Völlegefühl. Ratsam ist jetzt eine sehr ballaststoffreiche Ernährung und besonders viel Flüssigkeit.

Die ersten Wehen, sogenannte Senkwehen, setzen gegen Ende des dritten Trimesters ein und können dafür sorgen, dass sich das Köpfchen des Babys in das Becken verlagert. Dann ist absolute Ruhe angesagt. Nimm deiner Partnerin sämtliche Aufgaben ab, damit sie sich entspannt. Nicht umsonst darf sie in den letzten sechs Wochen der Schwangerschaft auch nicht mehr arbeiten gehen.

Während sich die werdende Mama nicht mehr wohlfühlt, geht es dem Baby umso besser. Ab der 32. Woche ist es sozusagen komplett fertig und wartet gemütlich auf die Geburt. Nervensystem, Gehirn und Organe sind einsatzbereit und es muss nur noch an Gewicht zulegen und wachsen. Ab der 37. Woche könnte es dann theoretisch bereits ohne irgendwelche Einschränkungen zur Welt kommen. Nun ist es ungefähr 50 Zentimeter groß (wie eine Melone!) und wiegt rund 3000 Gramm.

Gewichtszunahme

Wie viel deine Partnerin in der Schwangerschaft zunimmt, kann übrigens nicht pauschal beantwortet werden. Dass sie zunimmt, steht natürlich fest, doch die Menge und auch der Ort, an dem sich die Kilos breit machen, hängen von ihr ab. Ist sie sehr sportlich und hat immer auf ihre Ernährung geachtet, wird sie weniger und auch erst spät zunehmen. Denn ausgebildete Muskeln und ein gestärktes Bindegewebe halten die Kilos im Zaum, auch wenn sie jetzt weniger auf ihren Körper achten kann.

Auch das Essverhalten während der Schwangerschaft hat einen großen Einfluss auf die Gewichtszunahme. Ganz im Gegensatz zu dem, was oft behauptet wird, braucht sie nicht *für zwei* zu essen, denn das Baby holt sich schon, was es braucht. Gibt sie jedem Verlangen nach Süßigkeiten und Chips nach, wird sie sehr viel mehr zulegen, als wenn sie auch jetzt auf gesunde Nahrungsmittel setzt. Damit schlägt sie dann auch gleich zwei Fliegen mit einer Klappe, denn die darin enthaltenen Vitamine und Mineralstoffe sind besonders wichtig für sie und euer Baby.

Auf genügend Eisen, Vitamin B12 und Folsäure achten!

Der Körper benötigt diese Stoffe für die Bildung roter Blutkörperchen, die den Sauerstoff von der Lunge zu den Körperzellen transportieren. Während der Schwangerschaft muss mehr Blut gebildet werden, da das Baby wachsen möchte. Besteht ein Mangel an diesen Stoffen werden zu wenig rote Blutkörperchen gebildet und es kann zu einer Anämie (Blutarmut) kommen. Diese zeigt sich u. a. durch Müdigkeit, Konzentrationsstörungen, Herzklopfen, Schwindelgefühle und Atemnot.

Solidarisch *mit*-schwanger

Deine Frau nimmt zu, sie isst mehr, schließlich wächst in ihrem Bauch der Nachwuchs heran. Ihr wird schlecht, sie bekommt Sodbrennen und auch die Kopfschmerzen lassen nicht lange auf sich warten. Ganz solidarisch machen da viele Männer mit: der Bauch wird dicker, die Kilos erscheinen wie ganz von selbst und plötzlich fühlen auch sie die Übelkeit und andere typische Schwangerschaftsbeschwerden.

Tatsächlich ist dieses Phänomen unter dem Namen *Couvade-Syndrom* bekannt und kommt gar nicht so selten vor. Die Wissenschaft sagt, dass deine Partnerin während der Schwangerschaft sogenannte *Pheromone* verströmt, die für Hormonschwankungen in deinem Blut sorgen. So kann es also passieren, dass du, ohne mehr zu essen, zunimmst und dich selbst ein wenig so fühlst, als wärst du schwanger. Furchtbar? Nicht nur! Auf diese Weise entwickelst auch du früher eine Beziehung zu deinem Baby und bereitest dich ganz anders auf seine Ankunft vor.

Aber Vorsicht: Wenn du plötzlich damit anfängst, jeden Abend vor dem Fernseher mit deiner Partnerin zu schlemmen, so hat das womöglich nichts mehr mit dem Couvade-Syndrom zu tun. Auch dann nimmst du solidarisch mit deiner Partnerin zu, doch bedenke dabei immer, dass bei ihr nach der Entbindung schnell die Kilos purzeln werden. Du hingegen hast sie dir dann erfolgreich angefuttert und es wird sehr schwierig, sie wieder loszuwerden.

Dos and Don'ts

Urlaub

Die beste Zeit hierfür ist das zweite Trimester. Deine Partnerin fühlt sich gut, die ersten Umstellungen sind überwunden und von dem Unwohlsein des dritten Trimesters ist noch nichts zu merken. Verzichten solltet ihr trotzdem auf die hohen Berge (wegen des geringen Luftdrucks), auf tropisches Klima mit Temperaturen über 28 Grad, auf anstrengende und abenteuerliche Reisen sowie auf Länder, für die Medikamente und Impfungen empfohlen werden.

Flugreisen wirken sich übrigens nicht negativ auf normale Schwangerschaften aus. Da trotzdem Risiken bestehen können, ist ein Besuch beim Frauenarzt vor der Reise ein Muss. Beim Fliegen dann auf Beinfreiheit und bequeme Kleidung achten und häufig aufstehen, um sich zu bewegen. Ab der 35. Schwangerschaftswoche besteht bei allen Fluggesellschaften ein Flugverbot.

Sonnenbaden

Auf einen hohen Sonnenschutz ist jetzt besonders zu achten, da die Haut deiner Partnerin wegen der Hormone schnell verbrennt. Zum Schutz des Babys den Bauch am besten mit einem Tuch abdecken. Außerdem ist ein Örtchen im Schatten wegen ihrem Kreislauf nun sehr viel besser geeignet als in der prallen Sonne.

Kein Entspannen mehr im Whirlpool

Das warme Wasser wird selten gewechselt und ist ein Nährboden für Krankheitskeime, die bei Schwangeren schnell zu einer Infektion führen können.

Kein schweres Heben mehr

Viele Schwangere berichten, dass sie unter Unterleibsschmerzen leiden, nachdem sie schwere Sachen getragen haben. Es gibt zwar keine Studien zu diesem Thema, trotzdem ist diese Regel wie ein Gesetz zu befolgen. Dabei sollte deine Partnerin auf ihren Körper hören, der ihr zeigt, was für sie zu schwer ist. Denn das nimmt jede Schwangere anders wahr.

Je fitter, desto besser

Deine Partnerin sollte sich weiterhin fit halten und dabei auf leichten Ausdauersport wie Radfahren oder Schwimmen setzen. Auch Yoga, Kraftübungen, kurze Jogging-Einheiten, Tanzen und Aerobic sind erlaubt, jedoch muss sie auf Bauchübungen und Sprünge verzichten. Besprecht am besten mit eurem Frauenarzt, wie oft sie trainieren kann. Solange ihr keine absolute Ruhe verschrieben wurde, wirkt sich das Training auch auf euer Baby positiv aus.

Die ideale Liegeposition

Am wohlsten wird sich deine Partnerin fühlen, wenn sich auf ihre linke Seite legt. Warum? Rechts entlang der Wirbelsäule – und damit hinter der Gebärmutter – verläuft die Vena Cava, die große Hohlvene. Liegt sie auf dem Rücken, wird diese abgedrückt. Das ist nicht nur ungemütlich, sondern auch gefährlich, denn der Blutrückfluss zum Herzen wird behindert. Nimmt sie hingegen eine Schlafposition auf der Seite, besonders auf der linken, ein, wird die Vena Cava nicht belastet. Auf dem Bauch schlafen ist hingegen gar kein Problem, wenn es denn noch gemütlich ist, da das Baby vom Fruchtwasser ausreichend geschützt ist.

Jede Zigarette ist schädlich

Deine Partnerin muss komplett auf das Rauchen verzichten, denn Nikotin schadet dem Baby erheblich. Vorsicht ist ebenfalls geboten, wenn du rauchst. Rauchst du draußen, bringst du trotzdem genügend Nikotin und krebserregende Partikel mit rein. Schon die kleine Menge Schadstoffe, die deine Partnerin dann aufnimmt, kann ausreichen, um deinem Baby Schaden zuzufügen. Versuch also auch du, auf die Zigarette zu verzichten – wenn nicht jetzt, wann dann?

Ernährung

Kein Alkohol, dafür eine vitamin- und ballaststoffreiche Ernährung mit viel Eisen, Vitamin B12 und Folsäure. Was noch? Fleisch und Fisch liefern hochwertiges Eiweiß und Omega-3-Fettsäuren, daher gehören sie auf die Einkaufsliste. Wichtig ist aber, dass beides ordentlich erhitzt wird. Denn in der rohen Variante können sich Listerien befinden, die eine Infektion hervorrufen können. Für uns ist das nicht weiter schlimm, für das Baby im Bauch aber schon. Im schlimmsten Fall kann es sogar daran sterben. Das gilt übrigens auch für Salami, die als Rohwurst nicht hitzebehandelt wird und Rohmilchprodukte. Beim Kauf von Käse, Joghurt und Quark achtet also ab jetzt darauf, dass diese aus pasteurisierter und nicht aus Rohmilch hergestellt wurden.

Bei Obst und Gemüse hingegen gilt: Roh ist am gesündesten. Erhitzt man es, tötet man viele Vitamine ab. Vor dem Essen aber immer ordentlich waschen, damit keine Keime zurückbleiben.

Vorsicht bei Medikamenten

Manchmal braucht man sie einfach und das passiert auch in der Schwangerschaft. Jetzt sind die Anweisungen des Frauenarztes aber dringend zu befolgen. Das gilt für alle Medikamente, besonders aber, wenn es um aggressive Typen wie Antibiotika geht.

Was Medikamente angeht, die deine Partnerin dauerhaft nimmt, holt ihr euch am besten direkt beim ersten Termin den Rat vom Gynäkologen.

Kaffee und Tee

Da Koffein über die Plazenta in den Blutkreislauf des Babys gelangen kann, sollte der Kaffeekonsum in der Schwangerschaft eingegrenzt werden. Die Folgen von zu viel Kaffee: ein unruhiges Baby. Verschiedene Studien belegen sogar, dass zu viel Koffein negative Auswirkungen auf das Geburtsgewicht hat. Hinzu kommt, dass die Aufnahme von Vitamin C, Calcium und Eisen behindert wird, wenn der Kaffee unmittelbar zu Mahlzeiten getrunken wird. Als Faustregel gilt also, etwa zwei Stunden vor und nach dem Essen keine koffeinhaltigen Getränke zu sich zu nehmen. Unbedenklich sind 300 mg Koffein am Tag – also etwa drei Tassen Kaffee. Aber Vorsicht:

Koffein ist auch in Cola, Kakao, Schokolade und schwarzem und grünem Tee enthalten, anderer Tee hingegen ist völlig unbedenklich.

Absolut tabu:

- **Eisenkraut:** wirkt wehenfördernd
- **Ginseng:** kann zu Androgynie führen
- **Johanniskraut:** kann toxisch wirken
- **Passionsblume:** wirkt anregend auf die Gebärmutter
- **Rosmarintee:** kann Krämpfe und Wehen auslösen
- **Süßholzwurzel:** erhöht die Plazentadurchlässigkeit
- **Entwässernde Tees:** belasten die Nieren

Mit Vorsicht genießen:

- **Himbeer- und Brombeerblättertee:** da er wehenfördernd ist, erst ab der 37. Woche und am besten in Absprache mit Arzt oder Hebamme
- **Salbei:** nur in kleinen Mengen, da er stimulierend auf die Gebärmutter wirkt
- **Ingwer:** nur 6 Gramm der Wurzel sind erlaubt, da sie sonst wehenfördernd wirkt
- **Grüner und schwarzer Tee:** wie gesagt, auf den Koffein achten
- **Hibiskus:** nur in kleinen Mengen, da auch er die Gebärmutter stimuliert und außerdem den Östrogenspiegel senkt

Mädchen oder Junge?

Ihr möchtet die ersten Vorbereitungen für die Ankunft eures Nachwuchses treffen, das Kinderzimmer soll gestrichen, erste Kuscheltiere und Strampler gekauft werden. Wenn ihr nicht auf neutrale Farben setzen wollt, ist dies der Moment, indem sich die Frage nach dem Geschlecht aufdrängt. Heutzutage kann der Arzt beim Ultraschall mit großer Wahrscheinlichkeit feststellen, ob ein Mädchen oder ein Junge im Bauch deiner Partnerin heranwächst. Aber nur, wenn das Baby auch mitspielt. Oft hört man auch, dass der kleine Racker sich auf eine Weise positioniert, die es dem Arzt unmöglich macht, irgendetwas zu erkennen. Wenn euer Baby also keine Lust hat, sich zu zeigen und das dann auch noch hartnäckig durchzieht, so werdet ihr nicht herausfinden, ob ihr rosa Farbe oder doch blaue benötigt. Das ist blöd, aber nicht zu ändern. Einige Mythen und Überlieferungen behaupten allerdings, dass ihr es trotzdem herausfinden könnt, und zwar so:

Dann wird es angeblich ein Mädchen:

- Deine Partnerin legt ordentlich zu und das nicht nur am Bauch, sie bekommt Pickel, fettige Haut und Haare
- Sie hat süße Fressattacken, mit Schokolade, Gummibärchen und Eis
- Bei ihren Speisen bevorzugt sie scharfe Gewürze
- Trüber Urin
- Plötzlich findet sie andere Frauen ganz unsympathisch
- Ihre Brüste wachsen so enorm, dass sie aussehen, als wären sie mit Silikon gefüllt
- Sie bekommt einen sehr runden Bauch
- Halte deiner Partnerin eine Rose und eine Lilie hin, sie nimmt die Rose
- Wenn du einen Ring an einem Faden oder einer Kette befestigst und ihn über den Bauch deiner Partnerin pendelst, bewegt sich dieser im Kreis

Dann angeblich ein Junge:

- Sie stopft sich vorwiegend mit Herzhaftem und Deftigem voll
- Speisen werden eher lasch gewürzt
- Starker Haarwuchs an den Beinen
- Sodbrennen
- Sie hat ständig kalte Füße
- Der Herzschlag des Babys beträgt 140 BPM
- Heller und klarer Urin
- Deine Partnerin findet andere Männer unsympathisch
- Du nimmst gemeinsam mit deiner Partnerin zu
- Am Anfang der Schwangerschaft ist ihr nur selten schlecht
- Sie bekommt einen eher spitzen Bauch
- Beim Blumentest entscheidet deine Partnerin sich für die Lilie
- Beim Pendeltest bewegt sich der Ring gerade von einer Seite zur anderen

Natürlich bleibt es euch überlassen, ob ihr diesen Aberglauben tatsächlich so viel Vertrauen schenken wollt, dass sie euch bei der Entscheidung zwischen rosa und blau helfen können.

Risikoschwangerschaft

Wie wir schon wissen, kann es bei Frauen über 35 zu Komplikationen kommen, die eine negative Auswirkung auf ihre Schwangerschaft haben. So erhöht sich beispielsweise das Risiko einer Chromosomenstörung beim Baby und das einer Schwangerschaftsdiabetes bei der werdenden Mutter. Daher werden sie als *risikoschwanger* eingestuft. Aber auch wenn eine Frau noch unter 18 ist, Mehrlinge erwartet, an chronischen Vorerkrankungen leidet, bereits ein Kind per Kaiserschnitt zur Welt gebracht oder eine Schwangerschaft mit Komplikationen durchgemacht hat, das Baby sich nahe dem Geburtstermin in einer schwierigen Lage befindet oder die Blutgruppen von Mutter und Baby sich nicht vertragen, handelt es sich um eine Risikoschwangerschaft. Trifft einer dieser Punkte auf euch zu, ist es wichtig, besonders vorsichtig vorzugehen und passende Maßnahmen zu ergreifen.

TIPP: Was ihr tun könnt:

- Öfters zu Vorsorgeuntersuchungen gehen, wenn möglich gemeinsam
- Wenn ihr euch mit dem Frauenarzt nicht einig seid, ist es ratsam, eine zweite Meinung einzuholen
- Sucht euch eine Hebamme, die für euch da ist

TIPP: Was du tun kannst:

- Beruhige deine Partnerin und zeige ihr, dass du für sie da bist. Sie sollte sich auf keinen Fall aufregen. Auch ist es deine Aufgabe, alle wichtigen Informationen einzuholen und zu behalten oder aufzuschreiben, denn dafür hat sie nun keinen Kopf.
- Sorge dafür, dass deine Partnerin sich erholen kann. Über-

nehme Aufgaben im Haushalt, um sie zu entlasten und mach ihr klar, dass sie auch im Job nun mindestens einen Gang zurückschalten muss

- Bereite ihr etwas Leckeres zu essen vor, das aus frischem Obst und Gemüse besteht und über den Tag verteilt gegessen werden kann. So verhinderst du, dass sie auf Fast Food zurückgreift, weil sie der Hunger überkommt, aber keine Lust hat, sich etwas zuzubereiten.

Blutgruppenunverträglichkeit

Zu Beginn der Schwangerschaft werden Tests durchgeführt, um die Blutgruppe und den Rhesusfaktor zu bestimmen. Sollte letzter bei der werdenden Mutter negativ und beim Baby positiv sein, so kann es zu Problemen kommen, wenn das Blut des Babys mit dem der Mutter in Berührung kommt. Denn der Organismus der Mama erkennt dieses als eine Art Eindringling und bildet Abwehrstoffe dagegen. Das ist vorerst kein Grund zur Panik: Eine Blutvermischung kommt selten vor und wenn doch, ist das für diese Schwangerschaft nicht gefährlich. Antikörper werden zwar gebildet, dringen allerdings nicht bis zum Baby durch.

Jetzt kommt das große Aber: Bei einer erneuten Schwangerschaft mit einem Rhesus-positiven Baby bildet der Organismus stärkere Antikörper, denn nun weiß er ja, wie es geht. Diese schaffen es dann zum Baby vorzudringen. Gefährlich daran ist, dass sie die roten Blutkörperchen, die der Fötus für seine Entwicklung benötigt, zerstören. Je nach Ausmaß kann das Baby schwere Schäden davontragen oder sogar sterben.

Damit genau das nicht passiert, gibt es die sogenannte *Anti-D-Prophylaxe*. Dabei werden Immunglobuline (Antikörper gegen den Rhesusfaktor) gespritzt, damit der Organismus erst gar nicht lernt, wie er sie selbst bilden kann. So besteht auch bei einer zweiten Schwangerschaft dann kein Grund mehr zur Sorge.

Wann kann es weiter gehen?

Rein medizinisch gesehen, könnte deine Partnerin nach einer Geburt direkt wieder schwanger werden. Aber bedenkt folgendes: Ihr Körper ist durch die Schwangerschaft sehr geschwächt und braucht etwas Zeit, um sich zu erholen. Mindestens ein halbes Jahr ist ratsam, lieber sogar noch mehr, damit sich das Gewebe wieder festigen kann und die Hormone wieder ihren normalen Spiegel erreicht haben. So belegt eine amerikanische Studie, dass eine Pause von 18 bis 23 Monaten ideal ist, um Komplikationen zu vermeiden.

Auch nach Schwangerschaftsabbrüchen oder einer Fehlgeburt gibt es aus medizinischer Sicht keinen Grund zu warten. Wichtig ist allerdings, dass deine Partnerin abschließen kann, um sich vollkommen auf das Baby in ihrem Bauch zu konzentrieren. Psychologen raten deshalb, sich lieber etwas Zeit zu geben. Das Risiko, erneut eine Fehlgeburt zu erleiden, steigt übrigens nicht. Wenn allerdings schwerwiegende, gesundheitliche Gründe vorlagen, muss bei einem Babywunsch auf jeden Fall ein Frauenarzt zurate gezogen werden.

Paarbeziehung während der Schwangerschaft

Viele Paare bemerken, dass sich ihre Beziehung mit der freudigen Nachricht über die Schwangerschaft auf einmal verändert. Die kleinsten Meinungsverschiedenheiten werden zu lang andauernden Diskussionen und Konflikten. An sich ganz normal, denn auf euch warten ganz neue und ungewohnte Herausforderungen. Doch gerade jetzt braucht ihr einander und auch euer Baby profitiert von einer glücklichen Beziehung.

Sei einfach für sie da

Ich kann es gar nicht genug betonen: Für deine Partnerin ändert sich gerade alles. Sie erkennt ihren eigenen Körper nicht mehr, ihr ist ständig schlecht, ihr Lieblingsessen schmeckt nicht mehr und ihren Lieblingsduft kann sie nicht mehr riechen. Für viele Frauen ist das ein wahrer Alptraum. Schütze deine Partnerin also vor Dingen, die ihr noch zusätzlich die Laune verhageln könnten. Keine schlechten Nachrichten über finanzielle oder andere ungelösten Probleme mehr. Und auch wenn sie vor ihrer Schwangerschaft sehr krisensicher war, immer einen kühlen Kopf bewahrte und gute Lösungen fand, das war eben vor der Hormonumstellung und gilt jetzt nicht mehr. Erschaffe ein Umfeld, in dem sie sich ausnahmslos wohlfühlen kann und sei der, an den sie sich mit Kummer und Sorgen immer wenden kann und der einfach für sie da ist.

Auch für ihre derzeitige Antriebslosigkeit kann sie nichts. Helfe ihr im Haushalt, damit sie nicht alles allein machen muss und zeige Interesse. Streichele ihren Bauch, begleite sie so oft wie möglich zu Vorsorgeuntersuchungen und frag sie, wie es ihr geht auch, wenn die Antwort immer wieder dieselbe sein wird.

Ein sehr wichtiger Punkt ist auch, dass ihr miteinander redet. Wer behauptet, schweigen wäre Gold, der könnte nicht falscher liegen. Natürlich gibt es wie erwähnt Dinge, die nun nicht unbedingt zum Thema werden sollten, doch ganz im Allgemeinen gilt: Reden, reden, reden und nochmals reden. Übrigens kann es für dich auch sehr befreiend sein, mal mit anderen Vätern zu sprechen – vielleicht sogar mit deinem eigenen. Sie alle kennen viele deiner Ängste und können aus eigenen Erfahrungen berichten.

TIPP: No-Gos: Dinge, die du im Umgang mit deiner Partnerin unbedingt vermeiden solltest

- Ihr zum Geburtstag Sachen fürs Baby schenken: Es ist IHR Geburtstag
- Frauen bewundern, die nach der Geburt so schnell wieder eine tolle Figur hatten
- Witze über ihren Bauchumfang machen
- Sie ständig mit *Mama* ansprechen
- Sie nur noch als die Mutter deines Kindes sehen
- Ihr sagen, sie sei zu besorgt
- Sie mit *reg dich nicht auf* beruhigen – bewirkt doch sowieso das Gegenteil
- Den Versuch auf Sex aufgeben – auch wenn sie selbst keine Lust hat, fühlt sie sich doch geschmeichelt
- Sie fragen, ob ihre Hormone mit ihr durchgehen

- Mit anderen Mamas (oder Frauen) flirten - das kann übrigens immer Ärger geben
- Kindermädchen aufgrund von Fotos beurteilen
- Ihr die Süßigkeiten wegessen
- Deiner Mama recht geben, wenn die beiden eine Diskussion um Erziehungsthemen haben

Dein Verständnis ist gefragt

Während der Schwangerschaft musst du vor allem eines aufbringen: Verständnis. Hier einige Dinge, die du auf jeden Fall wissen musst.

Übelkeit

Klagt sie darüber, wie schlecht ihr ist, nimm sie ernst, denn ihr ist wirklich schlecht. Mit ein bisschen Glück empfindet sie diese Übelkeit nur morgens oder abends, viele Frauen leiden aber den ganzen Tag darunter. Sei für sie da und sorge dafür, dass sie etwas Leckeres zu essen hat, wenn sie mal Hunger hat.

Intensive Gerüche

Duftkerzen, Käse, gebratenes Fleisch oder starkes Parfüm - deine Partnerin nimmt Gerüche nun anders und intensiver wahr als zuvor. Nimm Rücksicht darauf und sorge für viel frische Luft, die tut ihr gut und erzeugt gute Laune.

Heißhunger

Die Hormone sorgen für einen unglaublichen Heißhunger, gegen den deine Partnerin keine Chance hat. Du kannst dabei helfen, indem du ihr die Nahrungsmittel beschaffst, auf die sie gerade Lust hat. Die können aus seltsamen Kombinationen bestehen und sich stündlich ändern. Denk dann daran: Das tut sie nicht, um dich noch einmal in den Supermarkt zu schicken, sie kann einfach nicht anders!

Stimmungsschwankungen

Für dich mag es verwirrend sein, wenn das herzhafte Lachen deiner Partnerin innerhalb von Sekunden durch tiefe Betrübtheit ersetzt wird, sogar im Weinen endet und sie danach wieder glücklich durch die Gegend läuft, als wäre nie etwas gewesen. In der Schwangerschaft ist das aber ganz normal. Das musst du so hinnehmen und am besten viel Verständnis für alle Emotionen zeigen. Sei für sie da, sprich mit ihr, unternehmt etwas Schönes und geh ihr aus dem Weg, wenn sie all ihren Hass gegen dich richtet. Rege sie nicht noch weiter auf, indem du auf Diskussionen eingehst, denn das tut auch eurem Baby nicht gut.

Schwangerschaftsdemenz

Es klingt beängstigend, ist aber wissenschaftlich bewiesen: Während der Schwangerschaft wird deine Partnerin sehr vergesslich. Dafür sind die Hormone verantwortlich. Vergisst sie also ein wichtiges Datum oder etwas, das du ihr noch gestern gesagt hast, nimm es ihr nicht übel. Auch das tut sie nicht, um dich zu ärgern.

Zeit für euch

Kuscheln, Sex und Zärtlichkeiten – die Zweisamkeit kommt während der Schwangerschaft oft viel zu kurz. Das liegt zum einen daran, dass du es vielleicht etwas komisch findest, mit ihr zu schlafen, wenn der Bauch immer größer wird und zum anderen muss deine Partnerin sich nun mit so vielen Veränderungen beschäftigen, dass die Lust auf Sex ganz unbewusst verschwindet. Zeig ihr, dass du in ihrer Nähe sein möchtest. Aus einem harmlosen Kuscheln kann sich oft auch mehr entwickeln, aber auf jeden Fall sorgst du so dafür, dass sie sich wohlfühlt.

Attraktivitätsfaktor

Der Körper deiner Partnerin verändert sich: Ihr Bauch wird runder, ihre Oberschenkel, ihr Po und ihre Hüften lagern mehr Wasser und Fett ein und sie fühlt sich wie ein dickes Walross. Zeig ihr, dass sie für dich noch immer attraktiv ist. Sag ihr, was du an ihrem Körper besonders magst und erwähne niemals, dass sie zugelegt hat.

Nestbautrieb

Irgendwann wird es bestimmt auch deine Partnerin erwischen: Sie will das Kinderzimmer herrichten, die gesamte Wohnung umdekorieren und dabei macht sie keinen Halt vor Dingen, denen sie eigentlich aus dem Weg gehen sollte. Unterstütze sie dabei, auch wenn du eigentlich keine Lust darauf hast. Übernimm das Streichen der Wände und das Verrücken der Möbel, denn andernfalls wird sie es selbst in die Hand nehmen. Hat sie es sich einmal in den Kopf gesetzt, muss es auch geschehen.

Sex in der Schwangerschaft

Sex kann in der Schwangerschaft zu einem großen Thema werden und das nicht nur, weil du ihn brauchst und sie nicht will. Je nach Schwangerschaftsmonat benötigt deine Partnerin besonders viel Nähe und auch Geschlechtsverkehr.

Besonders im zweiten Trimester kannst du dich auf etwas gefasst machen! Das liegt in erster Linie daran, dass die Hormone und die verbesserte Durchblutung dafür sorgen, dass sie den Akt als intensiver wahrnimmt, als je zuvor. Mein Tipp an dieser Stelle: Genieße es, denn gegen Ende der Schwangerschaft kann eine regelrechte Trockenzeit auf dich warten.

Wenn sie sich unwohl in ihrem eigenen Körper fühlt, ungelenkig wird und sich selbst als dick und unattraktiv wahrnimmt, wirst du wohl kaum auf deine Kosten kommen. Und auch bei den meisten Männern verschwindet die Lust irgendwann. Zum einen ändert sich nun in deinem Leben auch sehr viel und die Gedanken daran werden nicht viel Platz für anderes lassen. Zum anderen besteht bei vielen auch Angst, das Ungeborene zu verletzen.

Dieses Bild, mit dem eigenen Geschlecht gegen den Körper des Babys zu stoßen ist übrigens auch der häufigste Grund, warum Männer in der Schwangerschaft fremdgehen! Lass dir diese Furcht also lieber gleich nehmen: Euer Baby ist in der Gebärmutter absolut sicher. Es ist umgeben von

Fruchtwasser, das es ausreichend schützt. Anatomisch gesehen ist es auch gar nicht möglich, überhaupt in seine Nähe zu geraten!

Jetzt wird mit Sex-Mythen aufgeräumt

- **Fehlgeburt wegen Sex im ersten Trimester:** Quatsch! Solange die Schwangerschaft normal verläuft, besteht kein Grund zur Sorge.
- **Sex schadet dem Baby:** Überhaupt nicht! Liegt ein Grund vor, aus dem ihr keinen Sex haben solltet, wird der Frauenarzt euch informieren. Hierzu gehört beispielsweise ein bereits geöffneter Muttermund, eine Infektion oder eine Neigung zu vorzeitigen Wehen.
- **Das Baby schaut beim Sex zu:** Nein, das tut es nicht.
- **Im letzten Trimester kann durch Sex eine Geburt eingeleitet werden:** auch falsch. Zwar befindet sich im Sperma das wehenauslösende Hormon Prostaglandin, jedoch in einer viel zu geringen Menge. Wehen können lediglich angeregt werden und auch nur, wenn deine Partnerin bereit dafür ist

Praktische Stellungen

Wenn ihr dann doch mal Lust bekommt, ist der mittlerweile große Babybauch irgendwie im Weg und ihr Bein will jetzt auch nicht mehr dahin, wo es hin soll. Um dennoch zur Sache zu kommen, gibt es aber einige Stellungen, die euch das Liebesspiel vereinfachen können. Dazu gehören in erster Linie all die, bei denen sie oben sitzt, egal ob sie dich dabei anguckt, wie bei der Reiterstellung oder ob sie dir einen Ausblick auf ihr Hinterteil beschert, wie bei der stolzen Königin. Der Vorteil: Sie gibt den Ton an und kann mit der Intensität spielen. Außerdem wird so kein Druck auf den

Bauch ausgeübt. Auch die Missionarsstellung klappt ganz gut, sei hier aber besonders vorsichtig und nehme Rücksicht auf sie. Auch Doggy-Style und besonders die Löffelchenstellung sind zu empfehlen. Wichtig ist auch hier, dass ihr miteinander redet. Nur so kannst du erfahren, wie sich ihre Vorlieben vielleicht geändert haben und was ihr guttut. Teile ihr auch ruhig mit, was dir in diesem Moment besonders gefällt. Gemeinsam findet ihr dann die optimale(n) Stellung(en).

Was Männer an Schwangeren attraktiv finden

- Die Lebensfreude, die sie ausstrahlen
- Ihr besonderer Duft
- Die Fruchtbarkeit und Reife, die sie symbolisiert
- Das Wissen, dass ein Teil von ihm in ihr heranwächst
- Häufig sogar den runden Bauch
- Und natürlich: die größeren Brüste

Die Geburt

Wir mögen Menschen, die frisch heraus sagen,

was sie denken – falls sie

dasselbe denken wie wir.

Mark Twain

Vorbereitungen auf die Geburt

Vorsorgeuntersuchungen, Termine für einen Ultraschall, Tasche für die Klinik packen. Vor der Geburt habt ihr tatsächlich einiges zu tun. Dabei sind wichtige Fragen zu klären: Wo soll euer Baby zur Welt kommen? Wie will deine Partnerin entbinden? Damit sie sich, wenn es so weit ist, so wohl wie nur möglich fühlt, sollte hierbei gründlich überlegt werden. Damit du ihr dabei helfen kannst, möchte ich dir die verschiedenen Möglichkeiten einmal vorstellen.

Checkliste: Welche Vorsorgetermine muss deine Partnerin (bzw. ihr) wahrnehmen und wann?

- 8. SSW: **1. Vorsorgeuntersuchung**
    - Tatsächliche Schwangerschaftswoche wird ermittelt
    - Untersuchung der Gebärmutter, des Muttermundes und des Urins
    - Messung des Blutdrucks
    - Bestimmung des Gewichtes
    - Ermittlung der Lage des Fötus
    - Herztöne des Babys werden abgehört

- Werdende Mama wird auf Wassereinlagerungen, Krampfadern und Hämorrhoiden untersucht
- Blutgruppenbestimmung, Bestimmung des Rhesusfaktors und Antikörpersuchtest
- Bestimmung des Hämoglobin-Wertes (Hb-Wert) im Blut (Hämoglobin befindet sich in den roten Blutkörperchen und ermöglicht deren Transport im Blut)
- Falls ein medizinischer Grund besteht, einen HIV-Test zu machen, findet dieser ebenfalls jetzt statt

⌑ 9. bis 12. SSW: **1. Ultraschall**

⌑ 9. bis 13. SSW:

- Nackentransparenzmessung möglich (Flüssigkeitsansammlung unter der Nackenhaut des Babys wird gemessen, so kann ein erhöhtes Risiko für eine Chromosomenstörung erkannt werden)
- Chorionzottenbiopsie möglich (Stoffwechselkrankheiten und Fehlbildungen des Babys können erkannt werden)
- Nun ist der richtige Zeitpunkt, um euch für einen Geburtsvorbereitungskurs anzumelden

⌑ 11. SSW: Ersttrimesterscreening

⌑ 12. SSW: **2. Vorsorgeuntersuchung**

⌑ 14. bis 16. SSW: Fruchtwasseruntersuchung möglich

⌑ 16. SSW: **3. Vorsorgeuntersuchung**

⌑ 19. bis 22. SSW: **2. Ultraschall**

- Nun ist der richtige Zeitpunkt, euch nach Kliniken und Geburtshäusern umzuschauen

⌗ 20. SSW: **4. Vorsorgeuntersuchung** mit Bestimmung des Hb-Wertes (der wird ab jetzt in jeder oder jeder zweiten Vorsorgeuntersuchung bestimmt)

⌗ 24. SSW: **5. Vorsorgeuntersuchung**

- Bestimmung des Hb-Wertes
- 2. Antikörpersuchtest

⌗ 28. SSW: **6. Vorsorgeuntersuchung**

- Anti-D-Prophylaxe
- CTG (Cardiotokogramm, hört die Herztöne des Babys ab, um sicherzustellen, dass alles in Ordnung ist)
- Der Geburtsvorbereitungskurs fängt an

⌗ 29. bis 32. SSW: **3. Ultraschall**

⌗ 32. SSW: **7. Vorsorgeuntersuchung**

⌗ 34. SSW**: 8. Vorsorgeuntersuchung**

- Ende der Woche beginnt der Mutterschutz
- Fangt an die Tasche für die Klinik zu packen

⌗ 36. SSW: **9. Vorsorgeuntersuchung**

⌗ 38. SSW: **10. Vorsorgeuntersuchung**

⌗ 40. SSW: **11. Vorsorgeuntersuchung**

- Ende dieser Woche ist euer Geburtstermin

⌗ Ab der 41. SSW: Alle zwei Tage wird eine Untersuchung durchgeführt

Wo wird die Geburt stattfinden?

Krankenhaus

Mehr als 90 % aller werdenden Eltern entscheiden sich, ihr Baby in einem Krankenhaus zur Welt zu bringen. Das liegt nicht daran, dass es unbedingt der beste Weg sein muss, um zu entbinden, sondern daran, dass sie sich in einem Krankenhaus mit all den Ärzten besonders sicher fühlen. Auch im Falle von Komplikationen ist es bestens ausgestattet.

Auswahl des Krankenhauses

Krankenhäuser bieten Infoveranstaltungen an, bei denen sie werdende Eltern von einer Entbindung bei sich überzeugen wollen. Besucht verschiedene Krankenhäuser, lernt deren Möglichkeiten und Abläufe kennen und seht euch die Räumlichkeiten an. Denkt daran: Ihr müsst euch wohlfühlen!

Zwischen der 33. und 36. SSW müsst ihr die Geburt im Krankenhaus eurer Wahl anmelden.

Geburtshaus

Immer beliebter wird das Geburtshaus. Hierbei handelt es sich um eine selbstständige Einrichtung, die von Hebammen geführt wird. Die Zimmer, in denen die Babys zur Welt kommen, sind sehr gemütlich eingerichtet. Ihr könnt auch private Dinge mitbringen und bei der Entbindung eure Lieblingsmusik laufen lassen.

Die Hebammen sorgen dafür, dass die gesamte Geburt von der Gebärenden bestimmt wird. Da sich die Geburtshäuser meist in der Nähe einer Klinik befinden, kann bei Komplikationen auch schnell auf deren Ausstattung und medizinische Versorgung zurückgegriffen werden.

Hausgeburt

Was heute oft mit kritischem Auge betrachtet wird, ist das traditionellste Modell der Entbindung. Noch bis ins 20. Jahrhundert war es ganz normal, sein Kind zu Hause zu bekommen. Mittlerweile entscheiden sich immer mehr werdende Mamis wieder für eine Hausgeburt. Die Gründe dafür sind leicht nachvollziehbar: Die Geburt im Krankenhaus wird als fremdbestimmt empfunden und oft kommt es viel zu früh zu einem Kaiserschnitt.

Auch die ganzen Geräte können einschüchternd wirken und in der vertrauten Umgebung daheim kann sich die Gebärende besser entspannen.

Wichtig ist bei einer Hausgeburt natürlich, dass trotzdem fachkundige Unterstützung dabei ist. Obwohl es einige Frauen gibt, die sich sogar gegen Hebamme und Arzt entscheiden, ist das gefährlich und nicht zu empfehlen.

Wenn deine Partnerin euer Baby zu Hause bekommen möchte, sorgt also dafür, dass eine Hebamme oder sogar ein Team aus Hebamme und Arzt dabei sein wird. Falls Komplikationen auftreten, erkennen sie es und können erforderliche Maßnahmen einleiten, wie beispielsweise den Transport ins Krankenhaus. Ist die gesamte Schwangerschaft problemlos verlaufen, so ist von medizinischer Sicht aus nichts gegen eine Hausgeburt einzuwenden – auch sämtliche Risiken sind hierbei nicht höher als bei einer Klinikgeburt.

Wie soll die Geburt stattfinden?

Natürliche Geburt

Die normale, vaginale Geburt wird auch natürliche Geburt genannt, da die Natur diesen Weg für die Entbindung vorgesehen hat. Zwar leidet die Gebärende dabei unter Geburtsschmerzen, doch die Endorphine, die freigesetzt werden, erzeugen ein Glücksgefühl und sorgen dafür, dass alle negativen Aspekte schnell vergessen sind. Die Mutter-Kind-Bindung wird durch diese Art der Entbindung gestärkt, genau wie auch das Immunsystem des kleinen Wurms.

Überblick aller Möglichkeiten einer natürlichen Geburt

	Vorteile	Nachteile
Wassergeburt	- Das warme Wasser wirkt entspannend und gilt als schmerzlindernd - Baby kann ohne viel Hilfe durch Hebamme und Arzt geboren werden	- Bei großen Schmerzen kann keine PDA gelegt werden
Geburt im Sitzen	- Die Schwerkraft unterstützt die Mama bei der Geburt	- Oft ungemütlich für die werdende Mama
Geburt im Liegen	- Gemütliches, großes Bett	
Geburt im Stehen	- Druck auf die Uterusmuskulatur wirkt sich stärker aus - Wehen effektiver	- Kann für die werdende Mama sehr anstrengend sein
Geburt im Vierfüßlerstand	- Die Schwangere kann mehr Kraft aufwenden - Auf einem gemütlichen Bett	

Der geplante Kaiserschnitt

Befindet sich das Baby vor der Geburt in einer schwierigen Lage oder befürchtet der Frauenarzt andere Komplikationen, ist es sicherer, das Baby per Kaiserschnitt zu holen. Deine Partnerin hat aber auch die Möglichkeit, sich selbst für einen Kaiserschnitt zu entscheiden.

Grund hierfür sind dann meist Ängste vor Geburtsschmerzen, einem Dammriss oder den möglichen Auswirkungen auf den Beckenboden und die Sexualität. Gleich vorweg: Schmerzen werden trotzdem auftreten! Da es sich bei dem Kaiserschnitt um eine OP handelt, können die Beschwerden nach der Entbindung sogar weitaus schlimmer sein.

Geplanter Kaiserschnitt vs. natürliche Geburt

Nehmen wir die genannten Ängste nun einmal genauer unter die Lupe, um euch die Entscheidung zu vereinfachen.

Das Dammgewebe kann während einer natürlichen Geburt tatsächlich verletzt werden und die Heilung kann dauern. Vergessen wir aber nicht, dass beim Kaiserschnitt auch eine Wunde entsteht, die heilen muss. Und das kann sogar noch länger dauern. Die Angst vor Veränderungen der Vagina und damit auch des Sexlebens ist zwar berechtigt, gilt aber allerhöchstens für die ersten paar Wochen. Die Vagina wird ihre ursprüngliche Form nach recht kurzer Zeit wieder annehmen. Und die Sorge um einen geschwächten Beckenboden kann auch bei einem Kaiserschnitt nicht ausgeschlossen werden, da das Gewicht des Babys bereits während der Schwangerschaft auf diesen drückt. Sinnvoller sind daher konsequente Übungen zur Stärkung der Beckenbodenmuskulatur.

Gänzlich gegen einen geplanten Kaiserschnitt spricht die Tatsache, dass es sich um eine Operation im Bauchbereich handelt – es besteht das Risiko, andere Organe zu verletzen und auch Thrombosen und Infektionen sind nicht ausgeschlossen. Auch die Rückbildung der Gebärmutter dauert länger und der fehlende Geburtsstress kann dazu führen, dass das Baby unter Anpassungsstörungen leidet. Kaiserschnittkinder neigen auch häufiger dazu, später Übergewicht zu haben oder Asthma zu entwickeln, da sie bei der Geburt nicht mit der Bakterienflora des Geburtskanals in Berührung kommen, die eigentlich bereits für die Bildung erster Abwehrkräfte sorgt.

Helfer mit großer Wirkung

Die Hebamme

Ab Schwangerschaftsbeginn bis ungefähr acht Wochen nach der Geburt habt ihr Anspruch auf eine Hebamme, die von der Krankenkasse bezahlt wird. Sie begleitet euch vor, während und nach der Geburt, ist für alle Fragen da, hilft bei Problemen und kann euch viele hilfreiche Ratschläge geben. Über die Dienste der gewöhnlichen Hebamme hinaus, gehen die der Beleghebamme. Sie ist wirklich ständig für euch da und wird schnell zu einer wichtigen Vertrauensperson.

Besonders deiner Partnerin wird sie sehr viel Sicherheit geben und Ängste nehmen. Allerdings müsst ihr einen Teil der Kosten dann selbst tragen. Habt ihr Interesse an dieser Unterstützung, rate ich euch, früh mit der Suche zu beginnen, denn Hebammen sind sehr beliebt und daher schnell *ausgebucht*.

Geburtsvorbereitungskurs

In einem Geburtsvorbereitungskurs kommt ihr zum ersten Mal mit allen Abläufen der Geburt in Berührung. Was geschieht wann und warum? Wie soll sich die Gebärende verhalten? Und für dich ganz wichtig: Wie kannst du sie unterstützen? Wertvolle Informationen und Tipps werden vermittelt und ihr könnt euch mit anderen werdenden Eltern austauschen.

Angeboten werden wöchentliche Kurse und auch Wochenendseminare. Die Kosten für deine Partnerin werden von der Krankenkasse getragen – manche Kassen übernehmen auch deine Teilnahme.

Ein Geburtsvorbereitungskurs ist aber keine Pflichtveranstaltung und einige Hebammen raten sogar davon ab, weil die vermittelten Inhalte nicht wichtig seien und werdende Eltern ihre Zeit sinnvoller nutzen könnten. Andere wiederum betonen die Wichtigkeit eines solchen Kurses. Vielleicht könnt ihr ja einmal *reinschnuppern* und euch euer eigenes Bild machen.

Geburtsplan

Auch wenn viele Aspekte einer Geburt nicht planbar sind, könnt ihr in einem Geburtsplan alle organisatorischen Dinge festhalten, die dem Krankenhauspersonal oder der Hebamme als Wegweiser dienen können. So kann deine Partnerin sicher gehen, dass ihre Wünsche berücksichtigt werden, wenn die Situation es zulässt. Solltest du dich für die Erstellung eines Geburtsplans entscheiden, dann packe auch ein paar Kopien davon mit in die Kliniktasche?

PDA – ja oder nein?

PDA steht für Periduralanästhesie, ist eine Methode der Schmerzlinderung und kommt bei ungefähr der Hälfte aller Geburten in einer Klinik zum Einsatz. Ob auch deine Partnerin eine PDA möchte, kann sie zwar im Voraus planen, aber diese Entscheidung kann sie während der Entbindung schnell umwerfen, wenn sie die tatsächlichen Schmerzen spürt. Was spricht dafür und was dagegen?

Pro	**Kontra**
- Sie bleibt bei Bewusstsein - Kann schwächer oder stärker dosiert werden - Schmerzen werden gelindert - Keine größeren Nebenwirkungen	- Das Gefühl für die eigene körperliche Leistung geht verloren - Auf die *natürlichen Signale des Körpers hören* klappt dann nicht mehr - Kann ein Nachlassen der Wehen bewirken - Geburtserlebnis ist weniger intensiv - Häufige Nebenwirkungen sind Kopfschmerzen

Wenn ihr euch für eine PDA entscheidet, teilt dem Arzt das so früh wie möglich mit, nicht dass es auf einmal zu spät ist, noch eine zu legen!

Organisatorisches für den großen Tag

Die Namenssuche

Habt ihr euch schon Gedanken über den Namen eures Kindes gemacht? Spätestens im zweiten Trimester empfehle ich euch, Zettel und Stift in die Hand zu nehmen und nach einem passenden Namen zu suchen, der euch beiden gefällt. Denk immer daran: Ihr müsst den einen Namen finden, der euch beide überzeugt und den euer Kind sein ganzes Leben lang tragen wird. Das kann zu einer schwierigen Aufgabe werden.

Legt doch zunächst unabhängig voneinander eine Liste mit fünf Wunschnamen an – wenn ihr Überschneidungen findet, habt ihr einen Gewinner. Vermutlich wird das nicht passieren, aber ihr bekommt eine Idee der Lieblingsnamen des jeweils anderen und könnt dann gemeinsam die *No-Gos* von den Listen streichen. Bei eurer Suche unterstützen können euch Namensbücher und auch im Internet kursieren immer wieder aktuelle Listen mit derzeit beliebten Namen.

Entscheidet ihr euch für einen sehr exotischen Namen, müsst ihr auch noch sicher gehen, dass das deutsche Gesetz euch keinen Strich durch die Rechnung macht, denn es gibt ganz klare Regeln, was geht und was nicht. So muss beispielsweise das Geschlecht klar erkenntlich sein und Ortsnamen sind verboten.

Wenn ihr dann einen Namen habt, sprecht ihn mehrmals laut aus, auch in Kombination mit dem Nachnamen. Passt es oder hört es sich doch komisch an? Und dann bleibt noch die Frage, ob ihr preisgeben wollt, für welchen Namen ihr euch entschieden habt. Besprecht auch diesen Punkt, denn vielleicht riskiert ihr, dass Freunde und Verwandte euch wieder durcheinander bringen, wenn er ihnen nicht gefällt.

Wirst du bei der Geburt dabei sein?

Klärt vorher ab, ob du bei der gesamten Geburt dabei sein möchtest. Jeder hat eine andere Meinung zu diesem Thema und jeder muss sich diese Frage selbst beantworten. Die Geburt ist kein Spaziergang, weder für deine Partnerin noch für den Begleiter. Und dann gibt es zwei Möglichkeiten: Du schaffst es, jedes Gefühl der Anstrengung, Verzweiflung und des Ekels zu unterdrücken oder aber du bist das allergrößte Nervenbündel im Kreißsaal. Letzteres hilft deiner Partnerin überhaupt nicht. Ganz im Gegenteil: Es macht alles noch viel schlimmer. Besser ist es dann, vor dem Kreißsaal zu warten. Eine andere vertraute Person kann deiner Partnerin dann beistehen.

Der Weg ins Krankenhaus

Wenn es so weit ist, habt ihr verschiedene Möglichkeiten, ins Krankenhaus zu kommen. Der Krankenwagen ist besonders schnell, bringt deine Partnerin allerdings immer in die nächstgelegene Klinik. Das ist blöd, wenn ihr eigentlich in eine andere wolltet. Wenn es in eurer Stadt einen Krankentransport gibt, bringt der euch hingegen genau dahin, wo ihr hin wollt.

Wenn ihr nicht mit einem Auto fahren könnt, bleibt euch andernfalls noch das Taxi, doch da müsst ihr auf jeden Fall im Voraus anrufen und klären, ob sie Schwangere in Wehen überhaupt noch befördern. Es gibt nämlich Unternehmen, die sich weigern.

Checkliste: Was kommt in die Kliniktasche?

- Mutterpass
- Personalausweis
- Heiratsurkunde bzw. Geburtsurkunden, wenn ihr nicht verheiratet seid
- Familienstammbuch
- Krankenkassenkarte

- Einweisungsschein
- Duschgel und Shampoo
- Zahnputzzeug
- Deo, Creme, Bürste und Haarband
- Waschlappen
- Schlappen und warme Socken
- Ein altes, weiteres Hemd und einen Bademantel für die Entbindung selbst
- Einen Still-BH (Achtung: der muss etwas größer ausfallen, da die Milch jetzt für besonders große Brüste sorgt)
- Unterwäsche (gemütliche!)
- Nachthemden oder andere bequeme Anziehsachen zum Liegen und Kleidung für die Heimfahrt
- Kleidung für euer Baby (Strampler, Mütze, Socken, Decke)
- Handy, ggf. Tablet mit heruntergeladenen Filmen, Musik und Hörbüchern und die Ladegeräte
- Etwas Bargeld und ein paar Snacks

Wohin mit dem Geschwisterchen?

Wenn ihr schon ein Kind habt, bleibt natürlich auch noch die Frage, wo dieses während der Geburt sein wird. Ob es mit in den Kreißsaal kann, ist von Klinik zu Klinik unterschiedlich (das gilt auch für Geburtshäuser). Es kommt sowohl auf das Alter des Kindes an, als auch auf die vorgegebene Gesamtpersonenzahl, die mit in den Saal darf. Schließlich müsst ihr dann auch eine zusätzliche Person dabei haben, die auf das Kind aufpasst.

Und sowieso die wichtigste Frage: Wollen deine Partnerin und auch das Kind überhaupt, dass es die Entbindung miterlebt? Wenn die räumlichen Möglichkeiten gegeben sind, so bleibt das tatsächlich euch überlassen, denn die Meinungen von Ärzten und Psychologen zu diesem Thema könnten nicht unterschiedlicher sein.

Vielleicht erklärt sich aber auch eine Bezugsperson aus dem Familien- oder Freundeskreis bereit, aufzupassen. Klärt das auf jeden Fall im Voraus ab und nicht erst dann, wenn die Fruchtblase bereits geplatzt ist.

Du wirst Papa – schon realisiert?

Jetzt zu dir und deinen Gefühlen. Ihr bekommt ein Kind. Der Gedanke ist auch bei dir angekommen und du freust dich schon darauf, Vater zu werden. Doch Männer nehmen die Schwangerschaft natürlich ganz anders wahr als ihre Partnerinnen. Die fühlen das Baby in sich heranwachsen, bauen von Tag Eins eine Bindung zu ihm auf. Der Mann sieht den Bauch größer werden, freut sich, der Beschützerinstinkt wird größer, doch bei den meisten war es das dann auch schon, es ist einfach noch nicht real genug. Wenn auch du dich so fühlst, mach dir keine Sorgen, dieses überwältigende Gefühl, Papa zu werden, wird auch bei dir noch einsetzen. Bei vielen Männer passiert das, wenn die Vorbereitungen auf das Ende zu gehen, Termine in Kliniken wahrgenommen wurden und die Kugel so richtig groß geworden ist. Spätestens aber, wenn die Wehen einsetzen, du deiner Partnerin beistehst und darauf wartest, dein Baby endlich in den Armen zu halten, ist es dieses Gefühl endlich da. Um das Ganze zu beschleunigen, kannst du deine Partnerin zu Vorsorgeterminen begleiten. Der Ultraschall wird wahre Wunder wirken, denn er macht plötzlich alles viel realer.

TIPP: Wie du dich vorbereiten kannst

- Den ersten Schritt hast du schon getan: dir dieses Buch kaufen und dir sämtliche Informationen daraus holen
- Mit deinem Baby schon im Bauch sprechen
- Dein Baby fühlen
- Mit deiner Partnerin über eure Gefühle sprechen
- Am Geburtsvorbereitungskurs teilnehmen

Die Schmerzen der Geburt

Frauen beklagen sich über Schmerzen und Männer denken, dass es so schlimm ja nicht sein kann. Falsch gedacht! Was das angeblich schwächere Geschlecht tatsächlich durchmachen muss und wie ein Mann diese Schmerzen wahrnehmen würde, das wurde bereits in einigen Experimenten getestet. So haben sich beispielsweise in den USA vier Männer an eine *Geburtsschmerz-Maschine* anschließen lassen. Diese hat dann die Schmerzen simuliert, die eine Frau während der Geburt durchleben muss. Nach dem Experiment waren sie sich alle einig: So schlimme Schmerzen hatten sie noch nie zuvor gespürt und noch mal? – auf keinen Fall!

Auch Wissenschaftler, die sich eingehend mit der Frage beschäftigt haben, wissen, dass es ganz gut ist, dass die Frauen unseren Nachwuchs zur Welt bringen. Ein Mann würde die Geburt nämlich nicht überstehen und wir würden aussterben.

Der weibliche Körper schüttet bei der Geburt hingegen Hormone aus, die wie ein Schmerzmittel wirken – versteh das nicht falsch, der Schmerz wird etwas gedämpft, leiden wird deine Partnerin trotzdem wie nie zuvor. Verursacht werden die Schmerzen durch die Dehnung des festen Gewebes und der Organe, die am Geburtsvorgang beteiligt sind.

So muss sich der vor der Geburt verschlossene Muttermund bis zu zehn Zentimeter öffnen und auch die Bänder und Muskeln des Beckenbodens und der Damm müssen stark gedehnt werden. Und dann sind da auch noch die Wehen. Tatsächlich handelt es sich dabei um Muskelschmerzen, die von den kräftigen Kontraktionen der Gebärmutter verursacht werden. *Stell dich nicht so an* oder *so schlimm kann das ja wohl nicht sein* will also keine Frau in dieser Situation gern hören – merke dir das.

Das Baby kommt!

Und dann irgendwann nach all den Planungen und theoretischen Vorbereitungen ist es endlich so weit: Euer Baby kommt. Verabschiedet euch schon einmal von dem Gedanken, dass alles jetzt ganz organisiert ablaufen kann, denn jede Geburt ist anders und meist kommt es nicht so wie geplant. Schon das Einsetzen – oder Nichteinsetzen – der Wehen kann euch den ersten Strich durch die Rechnung machen. Die Fruchtblase platzt, ihr macht euch auf den Weg ins Kranken- oder Geburtshaus, doch selten geht die Entbindung jetzt auch los. Stattdessen wird auf die Wehen gewartet. Manche Frauen bekommen diese schon mit dem Blasensprung, aber eben nicht alle.

Blasensprung und Schleimpfropf

Die Fruchtwasserblase platzt meist nach den ersten Wehen. Die Flüssigkeit ist klar und gelblich, manchmal kann sogar etwas Blut dabei sein. Achtet auch auf die Reaktionen des Babys. Strampelt es wie wild hin und her oder spürt deine Frau es überhaupt nicht, muss das Becken deiner Partnerin hochgelagert werden, also so, dass der Bauch tiefer liegt und den Krankenwagen oder -transport rufen. Grund hierfür kann nämlich sein, dass das der Kopf eures Babys noch nicht fest im Becken liegt, die Nabelschnur vor seinen Kopf rutscht und dadurch Sauerstoffmangel entsteht.

Bei einem vorzeitigen Blasensprung, oft schon vor der 37. SSW, müsst ihr auch einen Frauenarzt aufsuchen, der dann entscheidet, ob das Baby geholt werden muss oder noch weiter im Bauch bleiben kann (hängt maßgeblich von der SSW und der Infektionsgefahr ab).

Nicht zu verwechseln mit dem sogenannte Schleimpfropf. Der ist eine Art Bakterienschranke aus Zervixschleim und bildet sich vor der Gebärmutter, um das Baby vor Krankheitserregern zu schützen. Mit den Vorwehen löst sich dieser als blutiger Ausfluss oder Schleim – ein sicheres Anzeichen, dass euer Baby bald zur Welt kommt!

Beim Warten ist es dann wichtig, deine Partnerin abzulenken. Sie soll nicht ständig daran denken, wann es denn endlich losgeht. Guckt einen Film, den du zuvor auf das Tablet geladen hast, lest, hört Musik, geht spazieren – frische Luft tut besonders gut – oder massiere deine Partnerin ein wenig und unterhalte sie so gut du nur kannst.

Erst wenn die Wehen einsetzen und die Abstände dazwischen immer kürzer werden, rückt die Geburt näher. Spätestens dann, wenn diese alle fünf Minuten kommen, müsst ihr euch auf den Weg in das Krankenhaus machen – oder eben dahin, wo ihr euer Baby bekommen werdet.

Geburt einleiten

Selten kommen Babys am errechneten Termin zur Welt. Ab der 41 SSW wird dann eine Geburtseinleitung angeboten, damit die Gesundheit von Mama und Baby nicht gefährdet werden. Dafür gibt es im Krankenhaus verschiedene Möglichkeiten, vom Schlucken bestimmter Tabletten über Infusionen bis hin zum sogenannten Wehencocktail.

Geräte bei der Geburt

- **CTG (Cardiotokograf)** – der Herzton- und Wehenschreiber
- **Blutgasanalysegerät** – ermittelt den pH-Wert des kindlichen Blutes
- **Infusomat** – steuert Geschwindigkeit und Dosierung der Infusion (mit wehenhemmenden oder wehenfördernden Medikamenten)
- **Blutdruckmessgerät** – überwacht den Blutdruck deiner Partnerin

Die Geburt an sich

Deine Partnerin kann ihre Forderungen und ihr Fluchen nun gar nicht mehr kontrollieren. Ihr Schamgefühl ist verschwunden, sie wird regelrecht zu einem Tier und ist nicht mehr wiederzuerkennen. Und du wirst trotzdem liebevoll und zärtlich sein.

Wenn du bei der Geburt dabei bist, wartet jetzt vor allem eine Aufgabe auf dich: die des Unterstützers. Feuer deine Partnerin an, lobe sie, spreche ihr Mut zu, vermittle zwischen ihr und der Hebamme oder dem Arzt – schließlich bist du ihre erste Vertrauensperson. Und wenn du mal überfordert bist, dann zeig es niemals. Deine Partnerin darf sich nicht auch noch über dich Gedanken machen.

Zunächst setzen jetzt die Eröffnungswehen ein. Sie öffnen den Muttermund, der bei der Geburt zehn Zentimeter weit sein muss. Die meisten werdenden Mütter empfinden diese als die schlimmste aller Phasen der Entbindung.

Ist der Muttermund geöffnet, folgen die Presswehen. Jetzt muss deine Partnerin bei jeder einzelnen Wehe pressen, und zwar mit ihrem gesamten Körper – mehr als nur anstrengend. Auch die Hebamme leistet ganze Arbeit, denn sie weist deine Partnerin an. Wann muss sie pressen, wann aufhören, wann geht es weiter.

Wie lange das alles dauert, ist von Geburt zu Geburt unterschiedlich. Habt ihr Glück, geht es schnell, es gab aber auch schon Frauen, die einen ganzen Tag lang in den Wehen lagen.

Zuerst kommt das Köpfchen eures Babys zum Vorschein und dann dauert es nicht mehr lange, bis sich auch der restliche Körper sehen lässt. Und wenn ihr es dann schreien hört – was übrigens ganz normal ist – dann wird dies der glücklichste Moment eures Lebens sein und alle Strapazen der letzten Stunden werden sofort in den Hintergrund rücken.

Die Hebammen legen der Mami ihr Baby auf den Bauch, ihr könnt es zum ersten Mal sehen und um euch herum wird alles für die Durchtrennung der Nabelschnur vorbereitet. Viele Väter übernehmen diese Aufgabe. Ob auch du das möchtest, bleibt dir überlassen. Wenn ihr die ersten Fotos machen möchtet, achtet bitte darauf, den Blitz auszuschalten. Der ist für euer Baby jetzt viel zu hell! Der Kinderarzt wird es zum ersten Mal wiegen, vermessen und untersuchen – wobei du sogar dabei sein darfst.

Geburtshilfen

Manche Babys benötigen bei der Entbindung zusätzliche Hilfe. Dann legt der Arzt oder die Hebamme Instrumente an den Kopf des Babys, um es herauszuziehen.

Saugglocke

Am häufigsten verwendet. Es handelt sich um eine Schale aus Plastik oder Metall (welche zur Anwendung kommt, hängt von der Lage des Babys ab) mit einer Vakuumpumpe und einem Griff.

Geburtszange

Diese wird äußerst selten verwendet. Das Instrument ist eine tatsächliche Zange mit gebogenen Enden, die um den Kopf des Kindes herumgreifen.

Und wann kommen die Instrumente zum Einsatz? Wenn deine Partnerin zu erschöpft ist, um weiter zu pressen. Es liegt ein medizinischer Grund vor, der die Gesundheit deiner Partnerin bei zu langem Pressen gefährden würde. Es kann auch gut sein, dass das Pressen dafür sorgt, dass euer Baby in Nöten ist. Oder das Baby macht keine Fortschritte, aus dem Becken zu kommen.

Der Notkaiserschnitt

Wenn während des Geburtsvorgangs Komplikationen auftreten, muss das Baby per Kaiserschnitt geholt werden. Das ist notwendig, da andernfalls sein Leben und manchmal auch, dass der Mama auf dem Spiel stehen können. Sollte es dazu kommen, wird der Schwangeren ein Wehenblocker verabreicht und sie kommt in den Operationssaal.

Dank einer PDA oder einer Spinalanästhesie, die nur ihr Unterleib betäubt, kann sie die Geburt ohne Schmerzen dann trotzdem bei vollem Bewusstsein miterleben. Wenn sie eine Vollnarkose bevorzugt, ist das aber auch möglich. Allerdings darfst du in diesem Fall nicht mit in den OP-Saal. Um das Baby zu holen, wird der Bauch der werdenden Mama aufgeschnitten und anschließend wieder zugenäht.

TIPP: Wissenswertes über die Geburt

- Deine Partnerin befindet sich in einer **Extremsituation**. Sie wird gereizt sein, zwischendurch wütend oder verzweifelt. Manche Frauen schicken ihre Männer sogar weg, weil sie die Nähe nicht ertragen
- Du wirst dich wahrscheinlich sehr hilflos fühlen. Zwar kannst du da sein, und das ist auch alles, was deine Partnerin will, doch du kannst ihr nichts abnehmen
- Nicht nur das kleine, **süße Geschöpf** kommt zum Vorschein, auch Unmengen an Blut, ein leichtes Harnlassen und Kot sind bei einer natürlichen Geburt nicht unüblich
- Dein Baby wird nach der Entbindung nicht aussehen, wie es in Kinofilmen immer dargestellt wird. Es wird etwas schrumpelig sein, einen verformten Kopf haben, blutig und voller Käseschmiere sein, das ist alles normal
- Wenn dein Baby da ist, ist die Geburt noch nicht vorbei! Bei der sogenannten **Nachgeburt** setzen erneut Wehen ein und die Plazenta wird ausgeschieden
- Die ersten Tage nach der Geburt werden für deine Partnerin sehr tränenreich. Das liegt an dem Abfall der Hormone in ihrem Körper
- In den **ersten Tagen** ist es deiner Partnerin womöglich auch zu viel, Besuch zu empfangen. Frag sie, ob sie überhaupt jemanden sehen will und wen. Und halte Besucher ggf. auf Abstand

Nach der Geburt

Sehr wenige Mütter können die Klinik kurz nach der Geburt bereits wieder verlassen. Meist werden sie stationär für drei bis vier Tage aufgenommen. Mama und Baby werden hier eingehend untersucht und versorgt. Bei einem Kaiserschnitt müssen wegen der Heilung noch ein paar Tage dran gehängt werden. In einer Klinik gelten dann Besuchszeiten, nicht aber für dich. Du darfst jederzeit zu deiner Partnerin und deinem Baby.

Nicht selten leiden Männer unter einer Art Geburtstrauma, vor allem dann, wenn es zu Komplikationen kam. Die Partnerin, die man liebt, so leiden zu sehen und nichts dagegen tun zu können, mitzukriegen, wie sich das Baby herausquält, das kann auch deine Nerven auf die Probe stellen. Wichtig ist daher, dass du dich auch mit den Nachbereitungen der Geburt beschäftigst und dich immer wieder davon überzeugst, dass es allen Beteiligten gut geht. Normalerweise löschst aber auch du all die traumatischen Bilder der Geburt aus deinem Gedächtnis, wenn du erst einmal richtig realisierst, dass alles gut gegangen ist.

Wie teilt ihr allen die freudige Nachricht mit?

Heutzutage läuft ja alles über WhatsApp oder SMS. Hier ein paar Infos, die da auf jeden Fall in der Nachricht drin stehen müssen:

- Name (bei Namen wie Kim vielleicht noch das Geschlecht dazu schreiben)
- Größe
- Gewicht
- Uhrzeit
- Wie geht Baby, Mama und auch dir?

Kleiner Tipp: Schreibe doch liebevoll aus Sicht des Kindes, das kommt immer gut!

Hier 5 Beispiele, die dir als Inspiration dienen können:

1. *Erik hat heute um 2:10 Uhr das Licht der Welt erblickt. Er ist 58 cm groß und wiegt, 3.900 Gramm. Mutter und Kind sind wohlauf. Wir sind überglücklich – Jonas und Claudia*

2. *Ich Erik bin umgezogen. Meine neue Adresse: bei Familie Weidner. Der Tag des Umzugs war der 24.01.2018 um 2:10 Uhr. Mein Appartement wurde mir zu eng, da ich jetzt 58 cm groß bin und 3.900g wiege. In meinem neuen zu Hause kann ich weiter wachsen und mich nach Herzenslust entwickeln. Viele Grüße euer Erik!*
3. *Achtung! Gefährlich! Nach fast neunmonatiger Dunkelhaft ist Erik am 24.01.2018 um 2:10 Uhr der Ausbruch gelungen. Der Ausbrecher ist zwar unbewaffnet, wie er aber beim Ausbruch unter Beweis gestellt hat, ist er in der Lage, ganz gemeine Schreie auszustoßen. Beschreibung: Unwiderstehlich süß, Gewicht: 3.900 Gramm, Größe: 58 cm, Haarfarbe: unbekannt, Hinweise zur Ergreifung an: Familie Weidner aus Hamburg.*
4. *Eigentlich hatten wir nur 3 Wünsche: Wir wollten: etwas Süßes, etwas Spannendes und etwas zum Spielen. Und was haben wir bekommen? Ein BABY!!! Er heißt Erik und war bei seiner Ankunft am 24.01.2018 58 cm groß und 3.900 Gramm schwer.*
5. *Ab heute bestimme ich, wann und wie lange bei uns geschlafen wird! Erik, 24.01.2018, 58 cm, 3.99 Gramm.*

Das *Bonding*

Das englische Wort beschreibt die Beziehungs- und Kontaktaufnahme mit eurem Baby. Wie in anderen Bereichen der menschlichen Interaktion gilt auch hier: Der erste Eindruck zählt. Begrüß dein Baby also mit aller Liebe und Herzlichkeit und nimm es in den Arm, damit sich auch eure Bindung stärkt.

Die erste Zeit zu dritt, zwischen Eltern und Kind, ist sehr wichtig und oft lässt das Klinikpersonal euch hierfür auch etwas Raum. Sagt auch Familienangehörigen und Freunden, dass sie euch nun eine Weile allein lassen sollen und genießt diesen Moment, diese erste Zeit im Leben eures Kindes. Muss euer Baby medizinisch versorgt werden, geht das natürlich erst mal vor und das Bonding muss warten. Aber auch in den nächsten Tagen und Wochen habt ihr noch Zeit, euch kennenzulernen und eine intensive Beziehung aufzubauen.

Übrigens sinkt dein Testosteronspiegel mit der Geburt deines Babys. Das hat die Natur so vorgesehen, damit du den Anforderungen deines Kindes gerecht werden kannst und ihr schneller eine Bindung zueinander aufbaut.

Das erste Kind: Woran musst du alles denken?

- Dein Baby muss **angemeldet** werden: Manche Kliniken übernehmen das für euch. Wenn nicht, musst du zum zuständigen Standesamt
- **Einwohnermeldeamt**: Hierfür braucht ihr beide Personalausweise, die Geburtsurkunde und ggf. die Vaterschaftsanerkennung
- Dein Baby muss **krankenversichert** werden: Das geschieht direkt bei der Krankenkasse des Partners, der weiter arbeitet bzw. mehr verdient. Dazu kontaktiert ihr die Kasse vorab und sie schickt euch ein Formular zu, das ihr ausfüllen und zusammen mit der Geburtsurkunde einreichen müsst
- **Elterngeld**: Das wird bei der Gemeinde- oder Stadtverwaltung beantragt
- **Kindergeld**: Hierfür ist die Bundesagentur für Arbeit zuständig
- **Elternzeit**: Die muss beim Arbeitgeber angemeldet werden. 36 Monate stehen den Eltern zu

Dein Baby

Glück ist, sein Kind zu lieben.

Das größte Glück jedoch ist,

von seinem Kind geliebt zu werden.

Helga Kolb

Sicherheit daheim

Wenn ihr als frisch gebackene Familie aus dem Krankenhaus nach Hause kommt, wird sich einiges ändern. Dass sich jetzt erst mal alles nach eurem Baby richten wird, weißt du bereits, doch hast du auch an die ganzen Gefahren gedacht, die im eigentlich so liebevoll eingerichteten Heim warten?

Um deinem Kind ein sicheres Zuhause zu bieten, fängst du mit den Umstrukturierungen am besten bereits während der Schwangerschaft an. Ist der Nachwuchs erst mal da, wirst du wahrscheinlich nicht mehr dazu kommen. Spätestens aber, wenn es zu krabbeln beginnt und sich an Möbeln hochzieht, solltest du folgende Dinge von deiner Checkliste streichen können:

Checkliste: Sicherheit zu Hause

- Regale, die umkippen können, befestigen
- Scharfe Kanten an Möbelstücken verkleiden
- Gefährliche Kleinteile oder Flüssigkeiten entfernen
- Kindersicherungen an Steckdosen anbringen
- Flachbildfernseher mit Kippsicherung versehen oder ihn weit oben aufstellen
- Freie Kabel verstauen

- Verschließbare Fenstergriffe anbringen
- Blumen entfernen oder immer darauf achten, dass keine Samen, Blätter oder Blüten herunterfallen
- Jalousien und Gardinen in nicht erreichbarer Höhe anbringen
- Gitter an Treppen anbringen
- Tischdecken, offene Flaschen, Dekoartikel und Teller mit Süßigkeiten außer Reichweite räumen
- Kindersicherungen an Schubladen anbringen oder alles aus diesen entfernen, was gefährlich werden könnte (Scheren, Messer, Plastiktüten, Bänder, ...)
- Antirutschmatte in die Badewanne / Dusche legen
- Laufgitter anschaffen. Darin kann es sicher spielen, sitzen, liegen und krabbeln

Ausstattung für euer Baby

Strampler, Babyschale, Wickeltisch, Windeln – jetzt bricht eine neue Zeit an und die muss gut vorbereitet werden. Schon auf der Fahrt nach Hause braucht euer Baby mehr als nur den Strampler und das Kuscheltier, das es von Oma zur Geburt geschenkt bekommen hat.

Zum Glück war deine Partnerin während der Schwangerschaft ja in ihrer Nestbauphase und hat daher mit deiner Hilfe schon alles für die Ankunft des neuen Familienmitgliedes vorbereitet. Ob ihr also ganz auf die typischen Rosa- bzw. Blautöne oder doch eher auf neutrale Farben gesetzt habt, ist zu diesem Zeitpunkt schon entschieden und zu Hause wartet ein liebevoll eingerichtet Kinderzimmer mit allem was dazu gehört. Doch was braucht euer Baby jetzt eigentlich alles?

Checkliste: Erstausstattung für dein Baby, Teil I

Einrichtung

- Wickeltisch mit:
    - Auflage
    - Windeleimer
    - Frischen Windeln
    - Wundschutzcreme, Pflegeprodukte (zu empfehlen: Babycreme Calendula)
    - Waschlappen, Schüssel für Wasser oder Feuchttücher
    - Spielzeug zum Ablenken
- Heizstrahler für Babys
- Babybadewanne, Badethermometer und Badetuch
- Wiege oder Babybett mit passender Matratze und Auflage – Achte beim Aufstellen darauf, dass keine Kabel oder Stromquellen in der Nähe des Bettes sind
- Babyschlafsack – wichtig, da er verhindert, dass sich das Baby durch die Bewegungen nachts abdeckt. Außerdem kann es sich darin bewegen, ohne ihn sich aus Versehen über den Kopf zu ziehen
- Babyfon – Achte darauf, dass es empfindlich auf Geräusche reagiert. So kannst du den Sender weiter weg platzieren, was die Strahlenbelastung vermindert. Muss er in der Nähe aufgestellt werden, immer am Fußende, damit das Köpfchen nicht so viel Elektrosmog abbekommt

- Baby-Fieberthermometer
- Babyhochstuhl – dieser sollte:
    - abwischbar und leicht zu reinigen sein
    - mitwachsen können
    - besonders stabil sein
    - einen Gurt haben
    - höhenverstellbar und klappbar sein (wenn du ihn unterwegs mitnehmen möchtest)
- Milchfläschchen mit Milchsaugern und Flaschenbürste

Kleidung

- Bodys
- Strampler oder Overalls
- Strumpfhosen
- Pullover und T-Shirts
- Schlafanzüge
- Jacken
- Babymützchen
- Fäustlinge – ein Paar für drinnen als Kratzschutz und ein Paar für draußen
- Mullwindeln
- Söckchen

Behalte beim Kauf der Kleidung im Hinterkopf, dass Babys schnell wachsen. Es kann gut passieren, dass dein kleiner Schatz nächsten Monat schon wieder aus dem neuen Strampler rausgewachsen ist. Ich rate dir daher zu Secondhand-Kleidung. Keine Angst, durch das Waschen mit hohen Temperaturen werden sämtliche Krankheitserreger abgetötet, es besteht also absolut kein Grund zur Sorge.

Ganz im Gegenteil. Kleidung, die schon so oft gewaschen wurde, ist auch von all den Chemikalien befreit, die in neuen Materialien oft enthalten sind und Allergien auslösen können. Vielleicht hat in eurem Bekanntenkreis ja noch jemand Babykleidung, die ihr euch leihen könnt.

Wie dick kleidest du dein Baby ein?

Weder zu dick noch zu dünn – die Faustregel: immer ein Teil mehr als du selbst. Teste zwischendurch am Nacken die Temperatur. Fühlt er sich warm und trocken an, ist alles in Ordnung. Ist er hingegen feucht, schwitzt dein Baby. Ziehe ihm dann ein Teil aus und überprüfe später noch einmal die Temperatur.

Checkliste: Erstausstattung für dein Baby, Teil II

Für unterwegs

- ⌗ Kinderwagen – Achte beim Kauf auf:
    - eine gute Federung, damit der Rücken deines Babys geschützt ist
    - einen breiten Radstand für Stabilität
    - Bremsen auf beiden Seiten
    - einen höhenverstellbaren Griff
    - die Größe im zusammengeklappten Zustand, wenn du ihn beispielsweise im Auto verstauen möchtest

- Tragehilfen oder -tücher: Gerade beim Treppensteigen eine sehr gute Alternative zum Kinderwagen. Und dein Baby wird den engen Körperkontakt lieben
- Baby-Autositz oder Sitzschale fürs Auto:
    - Testurteile verschiedener Marken ansehen
    - Achte nicht auf den Preis – Sicherheit geht vor
    - Baue die Sitzschale genau nach Anleitung des Herstellers ein. Nur so ist die versprochene Sicherheit gewährleistet
- Wickeltasche

Die Autofahrt

Am sichersten ist es, ein Kleinkind rückwärts zu transportieren. Beherzige das mindestens in den ersten 15 Monaten, da die Nackenmuskulatur deines Kindes in dieser Zeit noch nicht kräftig genug ist, um den Kopf beim starken Bremsen zu halten.

Und wo bringst du die Babyschale im Auto an? Der sicherste Platz ist auf dem Rücksitz. Auf dem Beifahrersitz ist die Gefahr zu groß, dass der Airbag aufspringt und dein Baby verletzt.

Pflege und Wohlbefinden

Wie du dein Baby am besten hochnimmst

- Linke Hand unter den Hals, rechte unter den Po
- Linker Unterarm stützt den Rücken, deine gespreizten Finger halten Nacken und Köpfchen (stütze den Kopf richtig, denn am Anfang kann dein Baby ihn noch nicht allein halten)

- Erst wenn deine Hände fest unter dem Körper deines Babys liegen, solltest du es hochheben

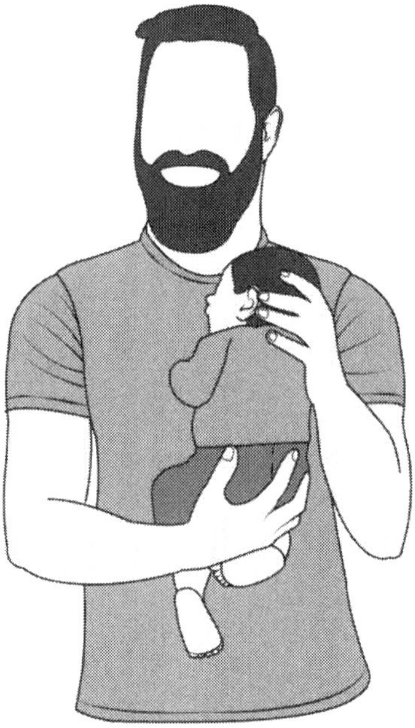

Die Fliegerhaltung

- Der Oberkörper deines Babys liegt auf deinem Unterarm
- Köpfchen in deine Armbeuge
- Deine freie Hand sichert es zusätzlich

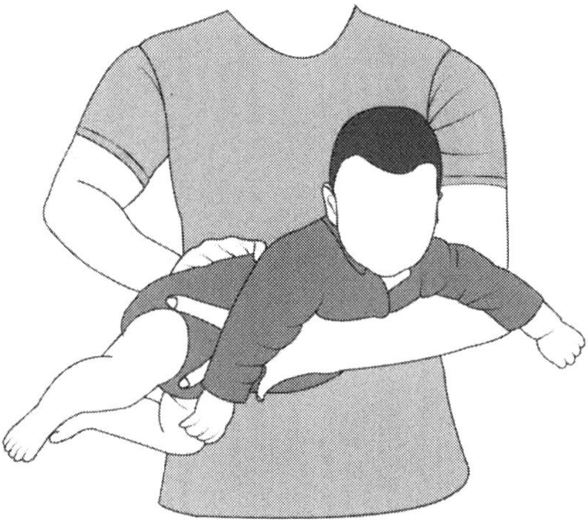

Wickeln – ein Job für echte Männer

Die bestimmt unbeliebteste Tätigkeit, wenn es um die Pflege eines Kleinkindes geht, ist das Wickeln. Auch wenn viele Papas diese Aufgabe gern der Mama überlassen, musst du mal ran. Gerade in der Anfangszeit benötigt deine Partnerin jede Unterstützung, die sie bekommen kann. Nehme ihr diese Arbeit also so oft wie nur möglich ab.

Was auf dem Wickeltisch alles stehen muss, haben wir schon geklärt. All diese Utensilien benötigst du jetzt. Damit du gleich mit viel Wissen punkten kannst, hier eine kurze Anleitung:

1. Nachdem du den Strampler aufgeknöpft hast, hältst du die Füße deines Babys fest und entfernst die Windel.
2. Reinige den Genitalbereich und den Po (beachte: immer von vorn nach hinten – kennst du bestimmt noch aus deiner Kindheit).
3. Bevor du eine neue Windel anlegen kannst, muss dein Baby trocknen, damit sich die Haut nicht aufscheuert.

4. Ist die Haut bereits gerötet, solltest du Babycreme auftragen und die Stelle leicht föhnen.
5. Hebe den Po dann wieder an, lege eine neue Windel unter, schließe sie.
6. Und knöpfe den wieder Strampler zu.

Während des gesamten Vorgangs darfst du dein Baby niemals loslassen oder unbeaufsichtigt auf der Wickelunterlage liegen lassen. Du glaubst gar nicht, wie schnell es sich bewegt und den Tisch verlassen will! Achte außerdem darauf, dass der Raum warm genug ist, damit der kleine Wurm nicht friert.

Übrigens kannst du bereits vor der Geburt lernen, wie du Babys wickelst, badest, hochnimmst und anziehst. Dafür kannst du einen sogenannten Säuglingspflegekurs besuchen oder gemeinsam mit deiner Partnerin und der Hebamme üben.

Körperpflege

Sobald der Nabel verheilt ist, was meist drei bis vier Wochen dauert, kannst du dein Baby baden. Da zu viel Wasser und Seife der empfindlichen Haut schaden, reicht einmal pro Woche aus. Als tägliche Pflege greife lieber auf einen Waschlappen mit warmen Wasser zurück, das schützt den natürlichen Säureschutzmantel der Babyhaut.

Das A und O beim Baden sind die Temperaturen: Das Badezimmer sollte zwischen 26 und 28 Grad warm sein, das Wasser 35 bis 37 Grad. Bei Badeöls und Seifen gilt: Weniger ist mehr und die Produkte, die du verwendest, sollten für Säuglinge geeignet sein. Dein Baby wird es sehr genießen, mit Mama oder Papa in der großen Badewanne zu sitzen – hier kann es so schön planschen! Halte es dabei aber immer gut fest.

Zahnpflege

Zum Zähneputzen benötigst du am Anfang noch nicht viel. Wenn die ersten Ecken aus dem Zahnfleisch schauen, kannst du diese mit einem Wattestäbchen vorsichtig putzen. Sobald die Zähne wachsen, muss dann eine Kinderzahnbürste her. Zahnpasta ist jetzt noch kein Muss, verwendest du sie trotzdem, achte darauf, dass sie für Kinder geeignet ist. Im Gegensatz zu unserer kann diese nämlich einfach heruntergeschluckt werden. Das Putzen solltest du oder deine Partnerin übernehmen, denn das kann euer kleiner Racker noch nicht richtig.

PEKIP – Prager Eltern-Kind-Programm

Das sozialpädagogische Gruppenprogramm richtet sich an alle frischgebackenen Eltern und ihre Kinder. Zusammen mit anderen Eltern könnt ihr hier auf spielerische Weise alles rund um euer Baby lernen und euch mit anderen über Ängste und Erfahrungen austauschen.

Schreien und Trösten

Besonders in der Anfangszeit wird euer Baby sehr viel schreien. Das kann euch manchmal den letzten Nerv kosten, doch im Moment ist es die einzige Kommunikationsform, die es hat. Mit der Zeit wirst du auch genau wissen, wann es hungrig ist, gewickelt werden will oder einfach einen Entertainer braucht. Findest du den Grund nicht, denke immer daran: Es schreit niemals bloß, um dich zu ärgern!

Oft ist die Ursache aber sehr simpel: Es hat am Tag einiges erlebt, wurde mit vielen neuen Eindrücken überschüttet. So wichtig das für die Entwicklung auch ist, es bedeutet Stress und dann hilft nur, Geduld haben und für dein Baby da sein. Nimm es in den Arm und tröste es in aller Ruhe.

Schreibaby

In den ersten drei Monaten reguliert sich das Verdauungssystem, das macht Babys häufig zu schaffen. In dieser Zeit ist es ganz normal, wenn es viel schreit, danach sollte es sich aber legen. Schreit es jedoch weiter mehr als drei Tage in der Woche und jedes Mal länger als drei Stunden, handelt es sich aus ärztlicher Sicht um ein Schreibaby, dann solltet ihr auf jeden Fall professionelle Hilfe aufsuchen, damit euch das Ganze nicht über den Kopf wächst.

Schlafen gehen

Gesunder Schlaf ist wichtig. Damit sich dein Baby in der Nacht richtig erholen kann, achte auf folgende Dinge:

- Das Babybett sollte im ersten Lebensjahr im Schlafzimmer stehen – eure Geräusche wirken beruhigend
- Nicht neben der Heizung oder in der Sonne
- Raumtemperatur: zwischen 16 und 18 Grad
- Schlafkleidung: Windel und Schlafanzug
- Im Schlafsack schlafen, ohne zusätzliche Decke (damit diese nicht aus Versehen über das Köpfchen rutschen kann)
- Auch Kopfkissen, Kuscheltiere und andere Schlafutensilien gehören nicht mit ins Bett
- Im ersten Lebensjahr immer in Rückenlage schlafen legen
- Ein langes Stillen sorgt übrigens dafür, dass euer Baby bei Atemproblemen schneller wach wird

Bei vielen Babys wird es zum täglichen Ritual, abends wie ein Weltmeister zu schreien. Das liegt wie gesagt in erster Linie daran, dass alles Erlebte verarbeitet werden muss. Oft ist es auch viel zu müde und weiß mit diesem Gefühl noch nichts anzufangen. Hier hilft nur Geduld, nicht wütend werden, das Baby eng am Körper halten, oder es mal in einen anderen Raum legen.

Dein Baby einfach schreien zu lassen, ist übrigens keine Lösung. Das sorgt nämlich für Bauchschmerzen und Blähungen – und was passiert dann? Genau, es hat noch mehr Grund zu weinen.

Das Problem mit dem Einschlafen

Die Schlafbedürfnisse von Babys sind sehr unterschiedlich. Manche brauchen innerhalb von 24 Stunden nur 14 Stunden Schlaf, andere 20. Länger als vier Stunden am Stück schlafen sie jedoch selten. Zudem dauert es, den Schlaf-wach-Rhythmus an die Tageszeiten anzupassen. Dabei kannst du dein Baby aber unterstützen, indem du feste Rituale einführst. Während herumtoben vor dem Schlafen gar nichts bringt, rate ich zu folgenden Methoden:

- Ein warmes Bad am Abend
- Dem Baby den Schlafanzug zur Bettgehzeit anziehen
- Konsequent sein – auch wenn dein Baby nicht müde ist, lege es zur Schlafenszeit hin
- Körperkontakt, z. B. deine Hand auf den Babybauch oder das Köpfchen legen
- Erzähl deinem Baby, wer schon alles schläft
- Für Ruhe sorgen (kein Fernseher im Hintergrund)
- Geschichten erzählen, ein Schlaflied singen oder eine Melodie summen (am besten jeden Abend das gleiche Lied)
- Lass ein paar der Lieblingskuscheltiere über den Babybauch wandern und auch *Gute Nacht* sagen
- Und am besten: die gleichen Rituale jeden Abend durchführen – Routine hilft

Wenn du dein Baby wecken musst, weil es zum Beispiel gestillt werden soll, so mache auch das ganz sanft. Streichle es, sag leise seinen oder ihren Namen oder kitzele es an den Füßen. Du kannst auch das Gesicht mit einem feuchten Tuch abwischen und langsam etwas mehr Licht in den Raum lassen.

Schlaftagebuch

Gewöhnt sich euer kleiner Schatz nicht an den Tag-Nacht-Rhythmus oder schläft es nicht so, wie es soll, führe ein Schlaftagebuch, in dem du alles protokollierst. Wann schläft es tagsüber, wann nachts, wann bekommt es Mahlzeiten, wann schreit es bei dem Versuch, es schlafen zu legen. So erkennst du, ob es vielleicht am Tag zu viel schläft und es dadurch nachts nicht klappt.

Ernährung

Bisher hatte dein Baby es ziemlich gut: Immer umgeben von allem, was es gerade benötigte. Das hat die Natur für die ersten neun Monate ganz gut geregelt. Ab jetzt müsst ihr euch jedoch selbst um alles kümmern. Fast alle

Mütter können ihr Kind im ersten Lebensjahr stillen und sollten das auch auf jeden Fall tun, denn die Muttermilch ist sehr gesund. Deine Partnerin stärkt auf diese Weise die Abwehrkräfte eures Babys. Sie entwickeln weniger Allergien, werden nicht so oft krank und erleiden seltener den sogenannten plötzlichen Kindstod.

Auch hier hat die Natur wieder ganze Arbeit geleistet, denn es wird genau so viel Milch gebildet, wie euer Baby braucht. Aus diesem Grund solltet ihr ein Zufüttern auch vermeiden, denn dann wird dieser natürliche Ablauf durcheinander gebracht. Die WHO (Weltgesundheitsorganisation) empfiehlt, dass Babys mindestens sechs Monate lang ausschließlich gestillt werden und danach ein weiteres Jahr, während es sich an feste Nahrung gewöhnt.

In dieser Zeit solltest du wieder sehr nachsichtig und einfühlsam mit deiner Partnerin umgehen. Ähnlich wie in Teilen der Schwangerschaft entwickelt sich ein neuartiges Hormon, das *Prolaktin*, in ihrem Körper, und es sorgt dafür, dass sie sich schlechter konzentrieren kann, sie sehr gefühlvoll und leicht vergesslich ist.

Außerdem ist es sehr anstrengend, ständig zu stillen – tagsüber und auch nachts. Mit einer Flasche und abgepumpter Muttermilch kannst du ihr mal ein oder zwei Schichten abnehmen! Denk aber daran, das Fläschchen vorher zu sterilisieren, da der Magen-Darm-Trakt bis zum sechsten Monat Keime, die von außen eindringen, noch nicht selbstständig abtöten kann.

Wenn ihr anfangt, zuzufüttern, müsst ihr vermutlich verschiedene Breisorten ausprobieren, da die Geschmäcker auch bei den Kleinen schon sehr unterschiedlich sein können. Auch essen manche Babys lieber fertigen Brei, beispielsweise von Milupa oder Hipp, andere eher den Selbstgemachten. Am besten probiert ihr zunächst Gemüsebrei einer Sorte aus.

Wichtig ist, dass ihr bei der Wahl des Bestecks auf einen Plastiklöffel setzt. Bei dem aus Metall besteht Verletzungsgefahr. Sie erhitzen sich zu schnell und können außerdem das Gläschen beschädigen, ohne dass ihr es merkt. Auch für den weichen Mundraum und die kleinen Zähnchen ist es viel zu hart.

Vatersein – alles ändert sich

Egal, wie du es dir vorgestellt hast, und egal wie geordnet und ruhig dein Leben vor ein paar Monaten noch war – das ist jetzt vorbei. Elternsein hat neben schönen auch anstrengende Seiten und davon bleibt auch der Papa nicht verschont. So kann es schon mal passieren, dass du völlig übermüdet zusammen mit deinem Baby auf der Couch einschläfst, weil endlich einmal Ruhe eingekehrt ist und du den kleinen Racker jetzt auch auf keinen Fall wecken möchtest. Doch die Papa-Müdigkeit ist zum Glück eine andere als die Ich-hab-die-ganze-Nacht-durchgearbeitet-Müdigkeit. Für deinen kleinen Krachmacher nimmst du gerne jede Strapaze in Kauf.

Die Übermüdung – und natürlich auch der Zeitmangel – sorgen im ersten Jahr auch dafür, dass du so gut wie gar keinen Sport mehr machen kannst. Während das Herumtragen deines immer schwerer werdenden Babys dich zwar auch körperlich fordern wird, ist es dennoch nicht mit schweißtreibender Fitness zu vergleichen. Neben tiefen, schwarzen Ringen unter deinen müden Augen, wirst du also auch anfangen zuzunehmen – wenigstens weißt du jetzt, wie deine Partnerin sich schon in den letzten Monaten ihrer Schwangerschaft gefühlt hat.

Kleiner Tipp für die Fitness: Das Baby-Work-out – Work-out für dich, Spiel und Spaß für dein Baby

Nr. 1: Beine

<u>Vorbereitung:</u>

- Baby auf den Arm nehmen und nah an den Oberkörper halten
- In eine breite Grätsche gehen
- Knie und Zehenspitzen zeigen nach außen
- Bauch- und Gesäßmuskulatur anspannen
- Die Knie langsam beugen
- Normal weiter atmen

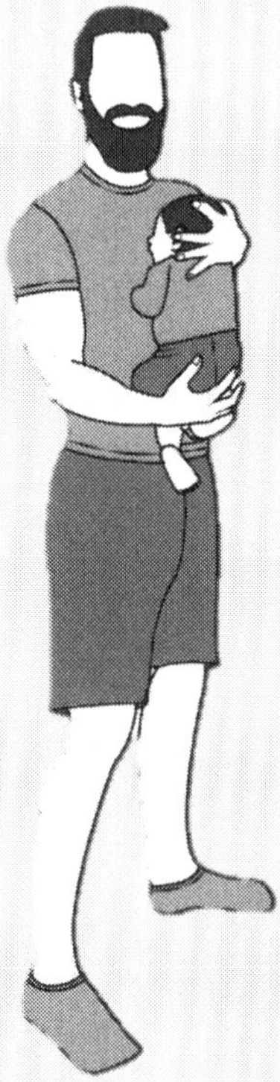

Durchführung:

- Tiefe Kniebeuge bis du in deinem Oberschenkel die Spannung spürst
- Halten
- Langsam wieder hochkommen

Wiederholungen: 10–15

Nr. 2: Rücken

Vorbereitung:

- Mit angewinkelten Beinen auf den Rücken legen
- Lege dein Baby auf deine Oberschenkel, und zwar so, dass es dich anschaut
- Halte es mit deinen Armen gut fest
- Hebe dein Becken an, dein Gesäß ist dabei angespannt
- Oberschenkel und Oberkörper bilden nun eine Ebene

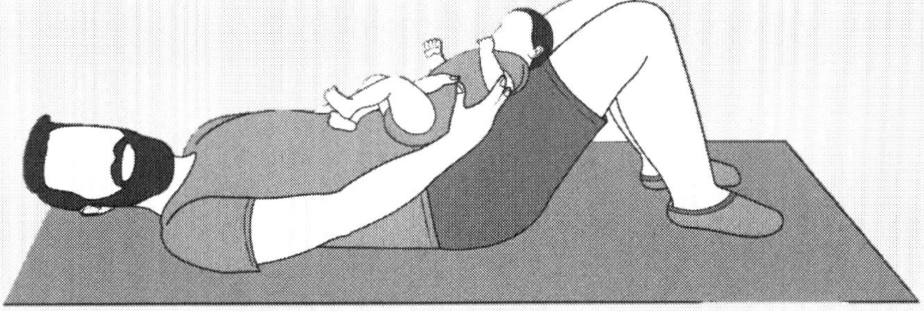

Durchführung:

- Dein Becken auf und ab wippen
- Beim Hochziehen immer wieder das Gesäß anspannen
- Kurz absenken, Pause einlegen, wiederholen

Wiederholungen: 20–30

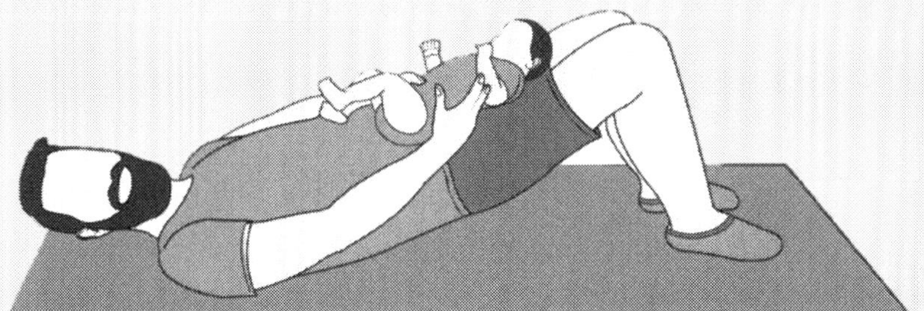

Wichtig ist aber, dass du die richtige Balance findest. Genau wie deine Partnerin solltest auch du dir zwischendurch mal Zeit für dich gönnen. Nur so kannst du Energie auftanken und neben der Vaterrolle auch noch du selbst bleiben.

Achtung vor dem Babyblues!

20 bis 30 % der Frauen befällt der Babyblues – depressive Symptome, die sich in schlechtem Schlaf, keinem Hunger und starker Gereiztheit zeigen. Und bis zu 10 % der Männer haben auch damit zu kämpfen. Meist verschwindet dieses Gefühl nach ein paar Tagen wieder, wenn aber nicht, ist es ratsam, einen Psychologen aufzusuchen. Auch für das Wohl eures Babys, denn diese Depression der Eltern kann sich negativ auf seine sozialen Kompetenzen auswirken.

Deine Beziehung zum Baby

Obwohl es ab Tag Eins wichtig ist, Zeit mit deinem Baby zu verbringen und eine Beziehung zu ihm aufzubauen, erweist sich das in den ersten Wochen als ziemlich schwierig. Der kleine Wurm schläft mehr, als dass er wach ist und auch die Aktivitäten, die ihr zusammen ausüben könnt, um eine Vater-Kind-Beziehung aufzubauen, sind eher eingeschränkt. Es scheint ganz so, als könntest du dein Baby nur auf dem Arm halten und es kuscheln, bis es schreit und wieder zu Mama will.

Doch du kannst noch viel mehr machen: Das Zugreifen mit ihm üben, ihm Geschichten erzählen, Musik hören, es kitzeln, Spielzeuge und Bilderbücher zeigen, die Wohnung gemeinsam erkunden oder es mit einem Teppich oder Handtuch vorsichtig über den Boden ziehen. Spazieren gehen könnt ihr auch, denn die frische Luft tut deinem Baby immer gut. Sei aber nicht enttäuscht, wenn es dann nach ein paar Minuten gleich wieder einschläft. Und auch wenn das alles nun vielleicht etwas langweilig erscheint: Bald lernt es, wie es zugreift und was man mit dem Spielzeug alles Tolles machen kann und dann könnt ihr so richtig zusammen spielen.

Rege dein Kind zum Spielen an

Nach spätestens vier Monaten findet euer Baby Gefallen an Spielen. Hier ein paar Spieltipps für die Anfangszeit:

- Auf dem Schoß reiten
- Hoppe, hoppe Reiter
- Das Kuckuck-Spiel: Mit einem Tuch oder deiner Hand abwechselnd deine Augen und die deines Babys verdecken, *Kuckuck* rufen und ruckartig die Sicht wieder frei machen, während du *da* rufst
- Große Bauklötzen (ungefähr ab dem 9. Monat)

Achte aber immer darauf, ob dein Kind genug hat und Ruhe benötigt und, dass es keine kleinen Gegenstände verschluckt.

Das Wichtigste fürs Baby: Körperkontakt

Wusstest du, dass der Embryo schon sechs Wochen nach der Zeugung auf Berührungen reagiert? Und auch nach der Geburt ist der Körperkontakt besonders wichtig. In wissenschaftlichen Untersuchungen hat man festgestellt, dass Babys, die regelmäßig massiert und gestreichelt werden, ausgeglichener sind, weniger schreien, besser schlafen und sogar die Nahrung besser verarbeiten. Das Hormon Oxytocin ist hierfür verantwortlich. Bei jeder Art von Hautkontakt wird dieses vermehrt ausgeschüttet und das Stresshormon Cortisol wird gleichzeitig verringert.

Babymassage

Nicht nur wir Erwachsenen genießen Massagen, sondern auch dein Baby. Ein weiterer Vorteil: Durch die liebevollen Berührungen wird auch eure Bindung gestärkt.

Reibe deine Hände zunächst mit etwas Babyöl ein und achte darauf, dass sie besonders warm sind. Beziehe während der Massage alle Körperpartien gleichermaßen ein, massiere ruhig und mit wenig Druck.

TIPP: Verlauf einer liebevollen Babymassage

1. Lege dein Baby auf den Rücken und fang am Kopf an: Streichle langsam mit beiden Daumen von der Nase die Wange herab
2. Von der Stirn zu den Schläfen
3. Von der linken Schulter zur rechten Hüfte, rechte Schulter zur linken Hüfte
4. Mit einer Hand von der Brust zum rechten Arm, dann zum linken
5. Kreisend über den Bauch – im Uhrzeigersinn
6. Lege dein Baby auf den Bauch: Platziere beide Hände quer nebeneinander in Höhe des Nackens. Mit einer Hand schieben, die andere quer zur Wirbelsäule über den Rücken ziehen. Vom Nacken bis zum Po schieben
7. Längs vom Nacken zum Po massieren
8. Wieder auf den Rücken: Mit einer Hand den Oberarm umfassen und langsam entlang zur Hand ziehen, dasselbe dann an den Beinen

Das erste Lebensjahr: Meilensteine – was kann dein Baby wann?

1. Monat:

- Geräusche erkennen und nachahmen
- Es kann sich dir anpassen: Strahlst du Ruhe aus, wird es ruhig, bist du aufgeregt ist es das auch
- Die ersten Dinge erkennen, die sich in seiner Nähe befinden
- Nach ein paar Wochen dich und deine Partnerin auseinanderhalten
- Riechen und schmecken

2. bis 3. Monat:

- Es reagiert auf hohe Stimmlagen und versucht zu sprechen (ah und eh und oh!)
- Dinge erkennen, die sich weiter weg befinden
- Geruchssinn wird stärker: jetzt solltest du aufhören, aggressive Deos und Rasierwasser zu verwenden
- Jetzt ist die richtige Zeit für Fühl-Bilderbücher und viel Zeit in der Badewanne (natürlich nicht allein!)

4. bis 6. Monat:

- Einzelne Gegenstände anschauen
- Nach Gegenständen greifen und sie festhalten (oder damit spielen)
- Stillen wird jetzt langsam uninteressant, es möchte neue Geschmäcker erkunden, dadurch steckt es sich natürlich auch alles in den Mund, was es finden kann
- Jetzt ist die richtige Zeit für Bilderbücher

7. bis 9. Monat:

- Es fängt an, Dinge zu verstehen, die ihr sagt
- Tiere erkennen und sie nachmachen (da gibt es auch tolle Bücher und Spiele für!)
- Dem Beat der Musik folgen und leichte Bewegungen dazu machen
- Jetzt solltet ihr mit kleinen Gegenständen sehr vorsichtig sein. Selbst Augen an den Kuscheltieren sind nicht mehr sicher
- Ein eigener Essensgeschmack entwickelt sich

10. bis 12. Monat:

- Erste einfache Wörter mit ihrer Bedeutung lernen (was ein Ohr ist, wau ist ein Hund und brrm ein Auto)
- Der Essensgeschmack kann sich wieder komplett ändern

Streitthema Erziehung

Natürlich liegt das Gewicht im ersten Lebensjahr deines Babys nicht auf der Erziehung. Alles Neue, das auf euch zukommt, muss erst mal erlernt und bewältigt werden und überhaupt bleibt oft nicht die Zeit, sich auch noch Gedanken über die richtige Erziehung zu machen. Doch ob ihr es wollt oder nicht, euer Baby bekommt alles mit, was ihr tut oder sagt und das spiegelt sich dann später in seinem Verhalten wider. Ihr erzieht es also bereits von Anfang an.

Unglücklicherweise kann die Erziehung aber zu einem wahren Streitthema zwischen den frisch gebackenen Eltern werden. Jeder hat seine eigenen Vorstellungen, was am besten für das Kind ist und natürlich möchte jeder seine Meinung durchsetzen.

Die andere ist ja vollkommen hirnrissig. Die ganzen Erziehungsratgeber, die alle völlig unterschiedliche Tipps und Herangehensweisen haben und dann noch eure Eltern, die selbstverständlich am besten wissen, wie man ein Kind großziehen sollte, sich aber leider auch so gar nicht einig sind, bringen euch eher durcheinander, als dass sie eine Hilfe wären.

Mein Tipp an dieser Stelle: Lasst euch nicht von anderen hereinreden. Natürlich können Ratgeber helfen und Eltern, egal ob eure oder andere, die das alles schon einmal durchgemacht haben, wissen auch sehr viel. Das ist super, um sich Inspirationen zu holen, doch das wichtigste ist, dass ihr euch einig seid und an einem Strang zieht. Setzt euch bei Streitthemen hin, sprecht über jegliche Vor- und Nachteile und findet gemeinsam eure ideale Lösung.

TIPP: Basics der Erziehung im ersten Lebensjahr

- Ein paar Grundregeln für die ersten 12 Monate möchte ich euch in dieser Infobox an die Hand geben:
- Wie schon angedeutet: Ihr seid Vorbilder, benehmt euch also auch dementsprechend

- Grenzen setzen – ohne Stopp und Nein läuft in der Erziehung gar nichts
- Forschungsdrang befriedigen: Lass dein Kind einfach mal machen, auch wenn es dabei vielleicht mal auf seinen Po fällt
- Deine körperlichen und geistigen Grenzen sollen nicht überschritten werden. Kannst du nicht mehr, kannst du halt nicht mehr, auch das muss dein Kind lernen

Tagebücher, Fotoalben und Social Media

Die ersten Worte, das erste herzliche Lächeln, die ersten Schritte – halte Meilensteine deines Babys fest. Heutzutage stehen dir hierfür eine Vielzahl von Möglichkeiten zur Verfügung.

Du kannst jederzeit Fotos und Videos davon machen, wie sich dein Baby über erste Geschenke freut, wie es Oma wiedererkennt oder den Beat der Musik findet und sich dazu bewegt. Ob du diese dann in einer Art digitalem Tagebuch festhältst, über Social-Media-Kanäle mit Freunden und Familie teilst oder ganz altmodisch all diese Momente in ein Fotoalbum klebst oder in einem Notizbuch aufschreibst, bleibt dir überlassen. Diese besonderen Erinnerungen könnt ihr euch immer wieder anschauen, später vielleicht sogar gemeinsam mit eurem Kind.

Gängige Babykrankheiten

Wir wollen zwar nicht hoffen, dass dein Baby krank wird, doch ich möchte dir die gängigsten Kinderkrankheiten einmal vorstellen und dir sagen, was du dagegen tun kannst:

- **Durchfall:** Überschreitet die Dauer einen Tag, umgehend einen Arzt aufsuchen (Dehydrationsgefahr)

- **Verstopfung:** Auf stopfende Lebensmittel verzichten, viel Flüssigkeit und ggf. ein Zäpfchen geben
- **Erbrechen:** Hält das Erbrechen länger an, auf jeden Fall einen Arzt aufsuchen
- **Blähungen:** Fliegerhaltung (Baby liegt bäuchlings auf deinem Unterarm), Massage (im Uhrzeigersinn um den Bauchnabel), Baby-Kirschkernkissen auf den Bauch legen, Fenchel-Anis-Kümmel-Tee (wenn es nicht gestillt wird), Zäpfchen, entblähende Mittelchen aus der Apotheke
- **Koliken:** Massieren, wiegen und ggf. einen Arzt aufsuchen; Mittelchen wie Lefax verabreichen
- **Fieber:** Eine Temperatur um 37 Grad ist normal; darüber: einen Arzt aufsuchen. Kühle Wickel und Paracetamol bremsen das Fieber meist ein wenig ab
- **Schnupfen:** Nasentropfen aus Kochsalzlösung, Nasensauger, spazieren gehen, viel Ruhe, bis 3 Monate: beim ersten Anzeichen zum Arzt gehen, bei älteren Babys, wenn der Schnupfen nach einer Woche noch nicht abgeklungen ist
- **Bindehautentzündung:** Achtung: hoch ansteckend. Sucht auch hier einen Arzt auf
- **Mittelohrentzündung:** Greift sich dein Baby ständig ans Ohr und weint dabei, kann das auf eine Mittelohrentzündung hinweisen. Geht damit auch direkt zu einem Arzt
- **Baby-Akne:** Verschwindet von allein wieder, mit milder Seife waschen
- **Gneis (Milchschorf am Kopf):** Mit Olivenöl einreiben, eine halbe Stunde einziehen lassen und mit einem Anti-Schuppen-Shampoo abwaschen
- **Zahnen:** Hier hilft ein kühlender Beißring
- **Verletzungen durch Stürze:** Hierbei gilt, lieber einmal zu viel als zu wenig zum Arzt. Besonders dann, wenn dein Baby weggetreten oder bewusstlos scheint, aus Nase oder Ohren blutet
- **Insektenstiche:** Reagiert dein Baby allergisch, sofort ins Krankenhaus

Impfungen

Es ist sehr wichtig, Babys und Kinder impfen zu lassen, damit sie frühzeitig einen ausreichenden Schutz gegen schwere Infektionen aufbauen können. Kinderkrankheiten, gegen die sie im Laufe der Kindheit geimpft werden, können sonst im schlimmsten Fall sogar tödlich enden.

Paarbeziehung mit Baby

Und wie steht es nun um eure Beziehung? Schon während der Schwangerschaft habt ihr vermutlich einige Höhen und Tiefen durchgemacht, das Baby ist nun auf der Welt und eigentlich könnte doch nun alles so weitergehen, wie es vor der Schwangerschaft einmal war, oder? Leider ist es nicht so einfach.

Dass den Hormonen geschuldete Gefühlschaos ist noch immer präsent, Schlafmangel und ein erhöhter Geräuschpegel zehren an euren Nerven und jede Minute der Ruhe wird für aufräumen, ausruhen und schlafen genutzt. Da bleibt leider nicht viel Zeit für Zweisamkeit. Dabei dürft ihr aber nicht vergessen, wie wichtig eine glückliche Paarbeziehung genau jetzt ist. Denn sie sorgt für Zufriedenheit, Freude und neue Energie.

Tipp: Für Zweisamkeit trotz Baby

- Macht euch gegenseitig Komplimente und gebt euch positives Feedback
- Bedankt euch für die kleinen Dinge (d*anke, dass du für uns gekocht hast*, etc.)
- Sprecht offen und ehrlich über Dinge, die euch belasten und tauscht euch konstruktiv aus
- Steht morgens gemeinsam auf, auch wenn nur einer *Baby-Schicht* hat

- Windelwechseln oder nachts aufstehen nicht gegeneinander aufrechnen
- Habt sowohl Respekt vor den Aufgaben des Partners, der zu Hause bleibt und sich um das Baby kümmert, als auch vor denen des anderen Partners, der Arbeiten geht
- Zeigt Interesse am Alltag des Anderen
- Schafft euch täglich ein bisschen Zeit für Zweisamkeit, redet dann über Dinge, die nichts mit dem Baby zu tun haben und gönnt euch einmal pro Woche einen schönen Abend zu zweit – vielleicht einen Filmabend mit Abendessen bei Kerzenschein oder ihr engagiert einen Babysitter für diese Zeit und geht zusammen aus

Die richtige Zeiteinteilung

Wickeln, füttern, spielen, baden, pflegen – ein Baby benötigt viel Aufmerksamkeit. Und wenn all die Aufgaben, die den Nachwuchs betreffen, erledigt sind, wartet der Haushalt. Wenn einer von euch beiden wieder seinem Beruf nachgeht, fehlt dann auch noch eine *Arbeitskraft* zu Hause. Da kann man beim Verteilen der neuen Aufgaben schon mal an seine Grenzen kommen.

Wichtig ist trotzdem, dass ihr euch sowohl Zeit als Familie einräumt als auch euch beiden als Paar. Bestimmt unterstützen euch auch Familienmitglieder oder Freunde gerne dabei, diesen Wunsch umzusetzen. Dafür ist es natürlich wichtig, dass ihr euer Kind von Anfang an auch an andere Bezugspersonen gewöhnt.

Außerdem könnt ihr andere Eltern in eurer Nähe suchen, um mit ihnen Spielenachmittage für die Kinder zu organisieren. Zwar seid ihr dann auch mal dran, aber an den anderen Nachmittagen könnt ihr die Zeit zu zweit genießen.

Eifersucht auf den kleinen Racker

Eine weitere Hürde in der Beziehung: Plötzlich gehört die Aufmerksamkeit der Partnerin fast ausschließlich dem Baby und oft braucht sie auch keinen weiteren Körperkontakt mehr, denn davon hat sie ja jetzt genug. Viele Papas reagieren da eifersüchtig.

Wenn auch du dich ausgeschlossen fühlst und der Neid aufkommt, tröste dich zunächst damit, dass du nicht der einzige bist. Und sobald ihr beginnt, neben dem Stillen zuzufüttern, kann sich alles wieder ganz schnell ändern. Überbrücke diese Zeit also lieber, indem du deiner Partnerin etwas zu trinken bringst, während sie stillt und dich dazu setzt, sie liebevoll streichelst oder die Zeit nutzt, um euch etwas zum Essen zuzubereiten.

Und auch bei allen anderen Angelegenheiten gilt: Sei dabei! Egal, ob es beim unbeliebten Wickeln oder dem Waschen eures Babys ist. Tausch dich mit deiner Partnerin aus, erzählt euch gegenseitig, was ihr mit dem Baby erlebt habt. Das stärkt sowohl eure Beziehung als auch die zu eurem Kind, lässt die Eifersucht verschwinden und als kleiner Pluspunkt lernt ihr gemeinsam und so brauchst auch du keine Angst mehr vor dem Tag zu haben, an dem du das erste Mal mit deinem Baby allein bist.

Sexualität

Wie du bestimmt noch weißt, fühlen Frauen sich in der Schwangerschaft häufig nicht mehr wohl in ihren Körpern. Das liegt zum einen an der tatsächlichen Veränderung - sie nehmen zu, sehen nicht mehr so fit aus und können sich nicht mehr bewegen wie zuvor - und zum anderen an den Hormonen.

Bei viel mehr Frauen tritt dieses Phänomen jedoch nach der Geburt ein. Ihr Körper ist noch nicht wieder straff und sie klagen über Schmerzen und Wunden im Intimbereich. Außerdem ist der Bedarf nach Erholung einfach viel zu groß. Oft fehlt jetzt aber auch den Männern die Lust auf Sex.

TIPP: Gemeinsam eure sexuelle Lust anregen

- Zeigt euch mit zärtlichen Massagen und viel Körperkontakt, wie verbunden ihr euch fühlt
- Gebt euch Zeit und genießt auch das Gefühl vom Partner begehrt zu werden, ohne dass das dann gleich zu Sex führen muss
- Schämt euch nicht, wenn ihr keine Lust habt und hört lieber auf, statt es einfach *durchzuziehen*
- Setzt euch niemals unter Druck
- Gönnt euch romantische Zeit zu zweit
- Sprecht offen über alle Unstimmigkeiten

Möchtet ihr hingegen in den ersten Tagen und Wochen nach der Geburt wieder Sex haben, verwendet vorsichtshalber ein Kondom. Obwohl deine Partnerin bereits wieder fruchtbar sein kann, sage ich das nicht, um euch vor einer erneuten Schwangerschaft zu schützen, sondern wegen der offenen Wunden im Bereich der Schamlippen und der Gebärmutter deiner Partnerin. Keime können zu einer Infektion führen und das solltet ihr dringend umgehen. Achtet zudem verstärkt auf eure Körperhygiene.

Nach der Geburt müsst ihr etwas vorsichtiger sein, da sich die empfindlichen und auch die erogenen Zonen deiner Partnerin komplett verändert haben könnten. Achte auch auf ihre Gefühle, denn ihre größte Angst ist jetzt, dass du sie nicht mehr attraktiv findest. Überzeuge sie also so oft, wie du kannst, vom Gegenteil.

Überschüttung mit gut gemeinten Ratschlägen

Damit ihr ein wenig Zweisamkeit genießen könnt und auch eurem kleinen Sprössling die Möglichkeit gebt, sich nicht nur auf euch beide zu fixieren, braucht ihr einen Babysitter. Am besten einen, der sich mit Säuglingen auskennt und dem ihr idealerweise auch noch vertraut. Wer wäre also besser geeignet als deine Mama oder deine Schwiegermama - die Omas? Damit ihr wisst, worauf ihr euch da einlasst, möchte ich die zwei Großmutter-Typen einmal vorstellen.

Nummer 1: Sie verhält sich wie eure Freundin und geht liebevoll mit dem Baby um. Das Besondere an ihr ist, dass sie ihren Platz kennt. Sie weiß, dass sie die Oma ist und die Erziehung nicht in ihren Aufgabenbereich fällt. Sie gibt euch Ratschläge, wenn ihr danach fragt, und ist jederzeit bereit, den Babysitter für ihr Enkelkind zu spielen.

Nummer 2: Auch sie geht liebevoll mit dem Baby um und spielt gerne den Babysitter, allerdings strömen die gut gemeinten und dennoch stark veralteten Ratschläge nur so aus ihr raus. Und ihrer Meinung nach müsst ihr diese natürlich auch annehmen. Sie weiß es ja am besten. Aus dem harmlosen Kaffeetrinken mit der Oma wird ganz schnell ein nervenaufreibender Nachmittag voller *lass es doch schreien, irgendwann schläft es schon ein* und *trinkt es auch den Karottensaft, wie ich empfohlen hab?*

Damit ihr ohne ungewollte Ratschläge die Unterstützung der beiden Oma-Varianten annehmen könnt, solltet ihr Nummer 2 gleich zu Beginn erklären, dass die Zeiten sich geändert haben und ihre Tipps in der Form nicht notwendig sind. Sagt ihr, dass ihr jederzeit auf sie zukommen werdet, wenn ihr Fragen habt.

Geht trotz eures Selbstbewusstseins dennoch liebevoll mit den frisch gebackenen Großeltern um. Schließlich müssen sie verkraften, dass ihre eigenen Kinder nun endgültig erwachsen sind - für die meisten ein sehr schwieriger Prozess.

Übrigens schaden die unterschiedlichen Regeln bei euch und den Großeltern eurem Kind nicht. Diskutiert also nicht mit euren Eltern darüber, wenn es bei ihnen viel mehr darf als bei euch. Gönnt eurem Kind diese Zeit.

Hat deine Partnerin auch noch eine beste Freundin, die schon ein Kind hat, ist ihr Wort ab jetzt Gesetz. Tatsächlich profitiert ihr im Großen und Ganzen davon, da sie ungefähr in eurem Alter ist und keine veralteten Erziehungsmethoden durchsetzen will. Trotzdem ist auch hier Vorsicht geboten, denn wenn du und die beste Freundin euch nicht einig seid, verlässt du das Spiel stets als Verlierer.

Wie ich schon erwähnt habe, ist es jedoch wichtig, dass du und deine Partnerin euch in Sachen Erziehung einig seid - funkt die Freundin euch also dazwischen, ist es immer schlau, wenn du dir einen Verbündeten suchst. Einen der es wohl am besten weiß. Sprich: den Kinderarzt. Nicht in allen Erziehungsfragen kann der euch weiterhelfen, dafür gibt es dann aber Bücher und das Internet. Suche immer mehrere Quellen, die deinen Standpunkt untermauern und schon kannst du deine Partnerin wieder auf deine Seite ziehen.

Babyparty und Babypinkeln

Der amerikanische Trend einer *Babyparty* ist mittlerweile auch bei uns angekommen. Organisiert wird sie üblicherweise vor der Geburt des Babys von der werdenden Patentante oder der besten Freundin. Die lädt dann alle Gäste (nur Frauen!) ein, es gibt Spiele und meist ein zusammengewürfeltes Buffet mit allen möglichen Leckereien und einer Torte. Du als werdender Papa hast hier leider nichts zu suchen.

Dir bleibt das Babypinkeln. Eine schöne Tradition, für die du dir auf jeden Fall Zeit nehmen solltest. Ist dein Baby geboren, stößt du mit deinen Freunden darauf an. Ein absolutes Highlight ist es, wenn deine Partnerin mit eurem Baby dazu stößt. Im Gegensatz zur Babyparty endet diese Veranstaltung oft in einem wilden Besäufnis…

Die Bürokratie

Kinder, die man nicht liebt,

werden Erwachsene, die

nicht lieben.

Pearl S. Buck

Dokumente, Urkunden, Anträge – für den kleinen Neuankömmling muss viel Papierkram erledigt werden. Du und deine Partnerin haben vermutlich anderes im Kopf, als euch nun um bürokratische Angelegenheiten zu kümmern, leider führt hieran aber kein Weg vorbei. Damit du nichts Wichtiges vergisst oder übersiehst, stelle ich dir hier einen Überblick zusammen.

Geburtsurkunde

Dein Baby benötigt eine Geburtsurkunde und diese sollte spätestens in der ersten Woche nach der Geburt beantragt werden. Oft übernimmt das Krankenhaus diese Aufgabe für dich, andernfalls musst du hierfür zum Standesamt.

Im Krankenhaus läuft das so ab: Du bekommst einen Umschlag, mit allen Formularen, die ausgefüllt werden müssen und einer Auflistung der Geldbeträge, die für die Anmeldung fällig werden. Nachdem du oder deine Partnerin alles ausgefüllt und unterschrieben habt, gibst du den Umschlag an die zuständige Person zurück, die dann alles Weitere veranlasst. Nach ungefähr einer Woche schickt das Standesamt die Geburtsurkunde zu euch nach Hause.

Was wird für die Beantragung der Geburtsurkunde benötigt?

- Geld für die Geburtsurkunde
- Geburtsbescheinigung des Krankenhauses
- Eure Geburtsurkunden (und vorheriger Kinder, falls ihr welche habt)
- Eheurkunde (oder Lebenspartnerschaftsurkunde)
- Wenn ihr nicht verheiratet seid: Vaterschaftsanerkennung, Zustimmung der Mama, Sorgeerklärung
- Falls ihr geschieden seid: Scheidungsurteil
- Mitbürger ohne deutschen Pass benötigen auch die Aufenthaltsgenehmigung und ggf. eine beglaubigte Übersetzung aller genannten Unterlagen

Zuständig ist das Standesamt, in dessen Bezirk dein Baby zur Welt gekommen ist.

TIPP: Unterlagen mit in die Kliniktasche

Lege alle Unterlagen, die ihr für die Geburtsurkunde benötigt, in die Kliniktasche. So vergisst du dann am großen Tag vor lauter Hektik und Stress nichts.

Vaterschaftsanerkennung

Sind deine Partnerin und du nicht verheiratet, ist dieser Punkt wichtig. Denn solange du deine Vaterschaft nicht anerkennen lässt, wirst du offiziell nicht als Papa angesehen.

Gerade, wenn es irgendwann um Sorgerechtsfragen oder Erbschaftsansprüche gehen sollte, ist das aber von großer Bedeutung. Das kannst du auch nicht ganz allein erledigen, die Mama deines Kindes muss mit zum Jugend- oder Standesamt. Mein Tipp für euch: Kümmert euch bereits während der Schwangerschaft darum, deine Vaterschaft anerkennen zu lassen. Nach der Geburt wartet genug anderes auf euch!

Was wird für die Anerkennung der Vaterschaft benötigt?

- Deine Geburtsurkunde & die deiner Partnerin
- Eure Personalausweise oder Reisepässe
- Nachweis des voraussichtlichen Geburtstermins (Mutterpass)
- Falls ihr den Punkt nach der Geburt erledigt, auch die Geburtsurkunde des Kindes

Nachträgliche Eintragung des Vaters

Falls eine Vaterschaftsanerkennung bei euch notwendig ist und ihr diese beim Ausstellen der Geburtsurkunde noch nicht habt, so kannst du auch nachträglich noch als Vater eingetragen werden. Dafür musst du dann mit der bereits ausgestellten Geburtsurkunde und der Vaterschaftsanerkennung zum Standesamt.

Anmeldung beim Einwohnermeldeamt

Oft setzt das Standesamt das Einwohnermeldeamt in Kenntnis über die Geburt eines neuen Bürgers – leider aber nicht immer. Am besten meldest du dein Baby nach der Geburt also selbst dort an. Das Einwohnermeldeamt ist übrigens auch für die Ausstellung des Kinderausweises zuständig. Der ist zum Beispiel dann wichtig, wenn ihr in den Urlaub fahren möchtet. Du kannst ihn also gleich mit beantragen, dann musst du nicht noch einmal hierher.

Was wird auf dem Einwohnermeldeamt benötigt?

- Geburtsurkunde
- Eure Personalausweise oder Reisepässe
- Bargeld
- Biometrisches Foto

Kindergeld beantragen

Bei der Familienkasse oder dem Arbeitsamt musst du das Kindergeld beantragen. Das kannst du erst nach der Geburt tun und das Amt benötigt etwa sechs Wochen, um deinen Antrag zu bearbeiten. Mach dir aber keine Sorgen, ihr bekommt bis zu sechs Monate rückwirkend Kindergeld ausgezahlt.

Zurzeit steht Eltern für die ersten beiden Kinder ein Kindergeldanspruch von 194 € zu, für das dritte 200 € und für jedes weitere 225 €.

Die zuständige Familienkasse findest du übrigens auf familienportal.de.

Was wird für den Kindergeldantrag gebraucht?

- Antrag auf Kindergeld (findest du auf der Internetseite kindergeld.org)
- Geburtsurkunde – du bekommst automatisch eine spezielle Geburtsurkunde, die für die Kindergeldbearbeitung gedacht ist
- Eure Steuer-IDs und die von eurem Baby (schickt das Bundeszentralamt für Steuern dir nach der Geburt automatisch zu)

Krankenversicherung

Seid ihr beide gesetzlich versichert, funktioniert das alles problemlos: Du füllst einen Antrag bei deiner Krankenkasse oder der deiner Frau aus (immer bei demjenigen, der besser verdient), dein Baby wird ohne erhöhte Beitragszahlungen familienversichert und erhält eine eigene Versichertenkarte.

Natürlich nimmt auch das einige Tage in Anspruch, daher ist dein Baby für die ersten Untersuchungen im Krankenhaus automatisch bei seiner Mama mitversichert. Wenn die erste Untersuchung beim Kinderarzt ansteht, benötigt es dann aber bereits seine eigene Versicherung. Sollte die Karte bis dahin noch nicht bei euch eingetroffen sein, könnt ihr diese entweder beim Arzt nachreichen oder direkt bei der Krankenkasse eine Bescheinigung ausstellen lassen, die belegt, dass es dort versichert ist.

Schwieriger wird das Ganze, wenn einer von euch beiden privat versichert ist. Denn dann muss die gesetzliche Versicherung dein Baby nicht familienversichern. Zunächst wird geprüft, wer von euch beiden mehr verdient: Ist es derjenige, der privat versichert ist, so muss auch dein Baby privat versichert werden. Der Nachteil hieran ist, dass die Privaten einen zusätzlichen Beitrag dafür berechnen.

Welche Unterlagen werden benötigt?

- Vom Standesamt ausgestellte Bescheinigung für die Krankenversicherung
- Antrag auf Familienversicherung (bekommst du von deiner Krankenkasse)
- Geburtsurkunde – auch hier gibt es eine, die speziell für diesen Zweck ausgestellt wird

Vater-Kind-Kur

Übrigens kannst du zusammen mit deinem Kind auch eine Vater-Kind-Kur machen. Diese musst du bei deiner Krankenkasse beantragen.

Elterngeld

Gleich vorweg mein Tipp: Beantragt das Elterngeld bevor euer Baby auf der Welt ist. Ewig andauernde Überprüfungen, falsche Berechnungen und unendlich viele Informationen, die sich gefühlt alle gegenseitig widersprechen. Hier müsst ihr euch durch einen wahren Behördendschungel kämpfen, voller Bürokratie und Kopfschmerzen. Schont eure Nerven, die ihr braucht, wenn das Baby auf der Welt ist, und erledigt diesen Schritt schon vorher.

Anspruch auf Elterngeld hat jeder, der für die Erziehung seines Kindes nach der Geburt ganz oder teilweise zu Hause bleibt. Derjenige muss im gleichen Haushalt wie das Kind leben und weniger als 30 Stunden in der Woche arbeiten. Das bedeutet, dass nicht automatisch die Mama zu Hause bleiben *muss*, das kannst auch du tun. Auch habt ihr die Möglichkeit, die Zeit, in der ihr Elterngeld erhaltet, untereinander aufzuteilen.

Dabei könnt ihr selbst entscheiden, wie ihr das macht. Ihr könnt beispielsweise in den ersten sieben Monaten nach der Geburt beide zu Hause bleiben oder Teilzeit arbeiten und Elterngeld bekommen. Oder deine Partnerin bleibt die ersten acht Monate bei ihrem Kind, danach bist du für sechs Monate dran. Wichtig ist nur, dass jeder Partner mindestens zwei Monate und höchstens 12 Monate Elterngeld bezieht und ihr zusammen 14 Monate nicht überschreitet.

Beachtet bei all diesen Berechnungen auch, dass das Geld, das deine Partnerin in der zweimonatigen Mutterschutzfrist nach der Geburt erhält, immer gegengerechnet wird – egal wer von euch in diesen beiden Monaten das Elterngeld bekommt.

Alle Zahlen im Überblick

- Gesamtzahl der Monate für beide Elternteile: 14
- Mindestanzahl der Monate pro Elternteil: 2
- Maximale Anzahl der Monate pro Elternteil: 12 (Alleinerziehende dürfen die gesamten 14 Monate allein nehmen)

Ihr könnt euch auch entscheiden, dass beispielsweise deine Partnerin 28 Monate lang zu Hause bleibt und Elterngeld beantragt. Dann bekommt sie aber monatlich nur die Hälfte ausgezahlt. Am Ende der Elternzeit kommt sie dann auf den gleichen Betrag, wie jemand, der nur ein Jahr zu Hause geblieben ist.

Wie hoch das Elterngeld ausfällt, hängt vom durchschnittlichen Nettoeinkommen der letzten 12 Monate ab. Ausnahme ist hier, wenn deine Partnerin aufgrund ihrer Schwangerschaft schon länger krankgeschrieben war und deswegen bereits weniger Geld erhalten hat. Dann dienen die davor liegenden 12 Monate als Berechnungsgrundlage. Für die Mutterschutzfrist vor der Geburt gilt das Gleiche.

Im Endeffekt bekommt der Partner, der zu Hause bleibt, dann 67 % dieses Durchschnitt-Nettos. Dabei gibt es aber auch Begrenzungen. So beträgt das Elterngeld immer mindestens 300 € und höchstens 1.800 €.

Sollte deine Partnerin Elterngeld beantragen und am Anfang der letzten 12 Monate zum Beispiel studiert und kein Einkommen erhalten haben, wird diese Zeit trotzdem gezählt. Sprich: Wenn die Berechnungsgrundlage Januar bis Dezember ist, sie von Januar bis April null Euro verdient hat und ab

Mai bis Dezember 2.000 €, so wird das gesamte Gehalt des Jahres zusammengerechnet und durch 12 Monate geteilt. Der monatliche Nettoverdienst ist also deutlich geringer als 2.000 €. Liegt das Netto-Gehalt allerdings unter 1.000 €, steht dieser Person für jede 20 €, die es darunter liegt, 1 % mehr Elterngeld zu.

Was wird für die Beantragung von Elterngeld gebraucht?

- Antrag auf Elterngeld (bekommst du auf elterngeld.net)
- Vordruck „Erklärung zum Einkommen" (auch auf elterngeld.net)
- Geburtsurkunde (auch eine spezielle Ausfertigung)
- Bescheinigung der Krankenkasse
- Bescheinigung des Arbeitgebers
- Kopie des Personalausweises des Antragstellers (Vorder- und Rückseite)
- Meldebescheinigung
- Steuerbescheide von euch beiden aus dem Kalenderjahr vor der Geburt
- Lohn- und Gehaltsnachweise der letzten 14 Monate
- Ggf. die Vaterschaftsanerkennung

Die für euch zuständige Elterngeldstelle findest du auch im Internet auf bmfsfj.de (Bundesministerium für Familie, Senioren, Frauen und Jugend).

Mietwohnung

Deinem Vermieter musst du übrigens auch Bescheid sagen, denn ab jetzt wohnt ein zusätzlicher Mieter in deiner Wohnung.

Elternzeit beantragen

Spätestens sieben Wochen vor dem geplanten Beginn der Elternzeit muss diese beim Arbeitgeber beantragt werden. Bei manchen Arbeitgebern, beispielsweise im öffentlichen Dienst, gibt es hierfür Vordrucke, die du oder deine Partnerin ausfüllen müsst. Gesetzlich ist nur festgelegt, dass der Antrag schriftlich erfolgen muss und dem Arbeitgeber auf diesem Weg mitgeteilt wird, wie die Gestaltung für die ersten 24 Monate der Elternzeit aussehen soll. Es besteht ja die Möglichkeit, komplett zu Hause zu bleiben oder nur in Teilzeit zu arbeiten. Pro Kind stehen den Elternteilen, also dir und deiner Partnerin, insgesamt drei Jahre Elternzeit zu.

Du bist übrigens gesetzlich nicht verpflichtet, deinem Arbeitgeber mitzuteilen, dass du Vater wirst, nur dann, wenn du eine Elternzeit beantragen möchtest, sonst erst nach der Geburt. Damit du allerdings die Möglichkeit hast, kurzfristig *auszufallen*, um für deine schwangere Partnerin da zu sein, oder auch bei der Geburt schnell deinen Arbeitsplatz verlassen kannst, rate ich dir, bereits nach der ersten, kritischen Phase (12 SSW) bei der Arbeit Bescheid zu geben.

Vaterschaftsurlaub

Im Volksmund hört man oft vom sogenannten Vaterschaftsurlaub. Theoretisch hast du hierauf keinen Anspruch, denn den gibt es in dieser Form rein rechtlich gesehen nicht – es handelt sich immer um Elternzeit und die muss wie oben erklärt zwischen dir und deiner Partnerin aufgeteilt werden.

Geburtsbericht anfordern

Wenn ihr nach der Geburt den Geburtsbericht verlangt, stellen sich viele Krankenhäuser quer. Sie fürchten, dass bei Behandlungsfehlern, entstandenen Komplikationen oder Folgeschäden eine Klage auf sie wartet. Lasst euch davon nicht abschrecken, denn es ist das gute Recht der Mama, ihre Patientenakte einzusehen. Egal, aus welchem Grund sie das möchte. Oft steht dahinter auch nur der Wunsch, alles was während der Geburt passiert ist, nachvollziehen zu können. Ein solcher Bericht wird immer angefertigt und darin stehen alle Einzelheiten zu Abläufen, mit CTG, Notizen der Hebammen zum Verlauf der Geburt, wann ein Arzt eingegriffen hat und auch all das, was im OP-Saal geschehen ist, falls es zu einem Kaiserschnitt kam.

Um den Geburtsbericht anzufordern, geht zunächst in aller Ruhe vor. Sprecht mit der Leitung der Geburtsstation. Rein rechtlich gesehen reicht die mündliche Anforderung deiner Partnerin bereits aus. Bittet das Krankenhaus um ein Schreiben, rate ich euch, nicht bereits hier die Geduld zu verlieren, und tatsächlich eines aufzusetzen. Oft wird dieses einfach nur für die Akte benötigt. Schreibt darin auf, was ihr erfahren möchtet und welche Informationen euch wichtig sind.

Steuerklasse

Ganz allgemein hat die Geburt eines Kindes nur wenige Auswirkungen auf die Steuerklasse. Der Lohnsteuerbetrag, den du bezahlen musst, wird sich allerdings ändern und das liegt an dem Kinderfreibetrag – sozusagen eine Steuererleichterung. Den kann entweder ein Elternteil komplett anrechnen lassen oder ihr beide zur Hälfte. Welche Steuerklassen (SK)-Kombinationen nun möglich sind, kannst du in folgender Tabelle sehen.

	SK	**Kinderfreibetrag**
Verheiratet	4 und 4	Halber Kinderfreibetrag pro Elternteil
Verheiratet	3 und 5	Voller Kinderfreibetrag für den Elternteil in Klasse 3
Unverheiratet	1 und 1	Halber Kinderfreibetrag pro Elternteil

Alleinerziehend	2	Voller Kinderfreibetrag + Entlastungsbetrag

Seid ihr verheiratet, habt ihr die Qual der Wahl. Pauschal kann jedoch nicht beantwortet werden, welche Kombination die richtige für euch ist. Zu viele verschiedene Faktoren spielen hier eine Rolle. Am besten sucht ihr zum Klären dieser Frage einen Steuerberater auf.

Vaterschaftstest

Bisher sind wir davon ausgegangen, dass deine Partnerin und du euch sicher seid, dass du der Vater des Babys bist. Wenn ihr euch aus den unterschiedlichsten Gründen nicht sicher seid, kann die Beantwortung der Frage, wer denn der leibliche Vater des Kindes ist, nicht nur für die Gefühlsbindung wichtig sein, sondern auch bei Streits um Unterhalt und Sorgerecht. Doch welche gesetzlichen Regelungen gibt es für Vaterschaftstests und was musst du alles beachten?

Die Tests an sich sind einfach und unkompliziert. Deine DNA wird mit der des Babys verglichen und schon hast du eine 99,9 % Gewissheit, ob der kleine Wurm von dir ist. Dafür wird ein Abstrich der Mundschleimhaut oder Blutprobe aller Beteiligten (Mama, Papa, Baby) benötigt und ein Labor vergleicht dann die DNA.

In Deutschland musst du hierbei aber einige Gesetze beachten, denn dieser Vorgang gilt als Eingriff in das Persönlichkeitsrecht. Ganz wichtig ist also, dass alle Beteiligten einem solchen Test schriftlich zustimmen - da dein Baby das nicht selbst kann, ist hierfür die Mama zuständig. Weigert diese sich, kann auch ein Gericht einen Vaterschaftstest anordnen. Dann kommt es natürlich darauf an, warum du einen solchen Test machen willst - nur, weil das Kind eine andere Haarfarbe hat als du, wird das Gericht sich nicht einschalten.

Bei der Entnahme der Probe muss ein komplett unbeteiligter Zeuge anwesend sein, also beispielsweise ein Arzt oder ein Mitarbeiter des Jugendamts. Führt jemand einen heimlichen Test durch, so können Strafen bis zu 5.000 € anfallen.

Da es mittlerweile nicht mehr unüblich ist, einen solchen Test anzufordern, sind die Preise nicht mehr ganz so hoch, wie sie einmal waren. Je nach Anbieter musst du aber trotzdem noch zwischen 150 und 700 € investieren. Billiger ist hier natürlich nicht immer besser. Vergleiche alle Konditionen und sei vorsichtig bei ausländischen Firmen. Zum einen erfüllen diese oft die Qualitätsstandards nicht und zum anderen können die Ergebnisse dieser Tests dann nicht vor unseren Gerichten verwendet werden.

Auch vor der Geburt können Vaterschaftstest durchgeführt werden, bei denen dem Baby im Mutterleib von deinem Arzt Zellproben entnommen werden. Da diese Methode das Fehlgeburtsrisiko jedoch erhöht, könnt ihr euch diesen Test nicht selbst wünschen. Er wird nur dann durchgeführt, wenn beispielsweise ein Verdacht auf Vergewaltigung vorliegt.

Vaterschaftsanfechtung

Bist du nicht der biologische Vater des Kindes oder hast triftige Gründe zu glauben, dass du es nicht bist, kann die Vaterschaft gerichtlich angefochten werden? Zuständig ist hierfür das Familiengericht. Die Kosten werden unter den Beteiligten aufgeteilt.

Sorgerecht, Umgangsrecht und Unterhalt

Sorgerecht

Bist du mit der Mama deines Babys nicht verheiratet, dann liegt das Sorgerecht automatisch bei der Mama. Auf Antrag könnt ihr aber ein gemeinsames Sorgerecht erlangen. Das kannst du mittlerweile sogar ganz ohne ihre Zustimmung beantragen.

Durch das Familiengericht wird geprüft, ob dieses gemeinsame Sorgerecht dem Kindeswohl schaden würde (beispielsweise wenn du ein bekannter Drogendealer oder Alkoholiker bist) und wenn nicht, so wird der Antrag genehmigt. Trennt oder scheidet ihr euch, nachdem das Kind bereits auf der Welt ist, so bleibt ihr beide sorgeberechtigt.

Ist eure Beziehung hingegen so schlecht, dass ihr keine gemeinsamen Absprachen treffen könnt und euer Kind stark darunter leidet, kann es passieren, dass das Sorgerecht auf nur einen von euch übertragen wird. Das gilt auch, wenn einer von euch gewalttätig wird oder das Kind vernachlässigt. Hierfür müssen aber wirklich schwerwiegende Gründe vorliegen - ein Einfaches *der/die ist so blöd, ich kann nicht mit ihm/ihr reden*, reicht nicht aus. Ein Antrag auf alleiniges Sorgerecht muss immer begründet werden und das Jugendamt überprüft jeden Fall dann eingehend.

Obwohl dieses Thema sehr oft diskutiert wird, kommt es eher selten vor, dass einem Elternteil das Sorgerecht gänzlich entzogen wird. Hauptsächlich passiert das in den folgenden Situationen:

- Misshandlung des Kindes
- Gesundheitsgefährdung
- Missbrauch des Sorgerechts (bspw. wird das Kind klauen geschickt)
- Nichteinhaltung der Schulpflicht
- Schwerwiegende Erziehungsfehler
- Vernachlässigung
- Suchterkrankungen (bspw. Drogen) oder paranoide Psychosen des Elternteils
- Gefährliches Umfeld
- Kindesvermögensgefährdung
- Elternteil enthält dem Anderen das Kind vor

Umgangsrecht

Solltest du, aus welchem Grund auch immer kein Sorgerecht, für dein Kind haben, so ist im Gesetz das sogenannte Umgangsrecht verankert. Daraus geht jedoch nicht pauschal hervor, wie oft du dein Kind sehen darfst oder wie lange. Das musst du mit der Mama dann selbst regeln. Erst wenn das scheitert, kannst du das Jugendamt und sogar das Familiengericht einschalten. Denn solange du das Wohl deines Kindes nicht gefährdest, steht dir der Umgang mit ihm oder ihr zu.

Das bedeutet allerdings nicht, dass du über schulische oder medizinische Dinge informiert werden musst und auch sonst bleibst du von Erziehungsfragen ausgeschlossen. Darauf hat nur der Elternteil mit Sorgerecht einen Anspruch. Vorsicht ist auch geboten, wenn du Fotos von deinem Kind machst, um sie deinen Eltern, anderen Familienangehörigen oder Freunden zu zeigen. Ohne die Zustimmung der Mama darfst du das rein rechtlich gesehen nämlich nicht. Alle Fotos, die du machst, dürfen nur für dich selbst sein. Dass das Posten auf Social-Media-Kanälen ebenfalls verboten ist, brauche ich wahrscheinlich nicht zu erwähnen.

Was darfst du denn überhaupt, wenn du nicht sorgeberechtigt bist?

- Während der Umgangszeit darfst du allein entscheiden, was ihr unternehmt, wo und mit wem, was dein Kind anhat oder isst, solange du sein Wohl nicht gefährdest
- Dein Umgangsrecht einfordern
- Auch außerhalb der Umgangszeiten Kontakt zu deinem Kind halten (telefonieren, Briefe schreiben, etc.)
- Fotos machen – wie gesagt, nur für dich selbst
- Geschenke machen – auch per Post außerhalb deiner Umgangszeiten

Darfst du mit deinem Kind in den Urlaub fahren?

Ob du hingegen mit deinem Kind verreisen darfst, hängt von verschiedenen Umständen ab. Eine klare gesetzliche Regelung gibt es hier leider nicht, denn eigentlich darfst du während der Umgangszeiten ja ganz allein entscheiden, was ihr zusammen unternehmt. Auf der anderen Seite stehen aber die sogenannten *Angelegenheiten von besonderer Bedeutung*. All diese darfst du nicht allein mit deinem Kind abwickeln bzw. über sie entscheiden. Das darf ausschließlich die Mama, die sorgeberechtigt ist.

Urlaube innerhalb von Deutschland und der EU gelten daher als unproblematisch, wenn sie mit normalen Transportmitteln angetreten werden (keine gefährliche Motorradreise z. B.). Grund hierfür ist, dass sie als Erlebnisse des täglichen Lebens betrachtet werden. Eine Fernreise oder ein Urlaub in einem Land mit instabiler Lage hingegen kann als einschneidendes Ereignis mit vielen Risiken und einer möglichen Auswirkung auf das Leben des Kindes angesehen werden. In anderen Worten: eine Angelegenheit von besonderer Bedeutung. Möchtest du trotzdem mit deinem Kind nach Amerika oder Asien reisen, so muss die Mama ausdrücklich zustimmen.

Unterhaltszahlungen

Lebt dein Kind bei seiner Mama, bist du verpflichtet Unterhalt zu zahlen. Dabei regelt die sogenannte *Düsseldorfer Tabelle* die Beitragssätze. Diese sind abhängig vom Einkommen, Vermögen und den Lebensverhältnissen aller Personen. Wenn du so wenig Geld hast, dass bei den Zahlungen deine eigene Existenz gefährdet ist, bist du von den Zahlungen befreit. Das gilt auch dann, wenn die Einkünfte der Mutter mehr als dreimal so hoch sind als deine. Beide Fälle müssen von einem Gericht festgestellt werden.

Kurze Checkliste: Bürokratie

- Vaterschaftsanerkennung
- Geburtsurkunde
- Geburt bei Arbeitgeber/in mitteilen
- Krankenkasse
- Kindergeld
- Elternzeit bei Arbeitgeber/in anmelden
- Elterngeld
- Finanzamt: Kinderfreibetrag beantragen
- Kinderbetreuungsplatz
- Geburtsbericht
- Kinderreisepass
- Vermieter informieren

Schlusswort

Vielen Dank, dass du mein Buch gelesen hast. Jetzt weißt du alles Wichtige, was du rund um das Thema "Vater werden" wissen musst und du bist rundherum gut informiert, um dein erstes Kind zu bekommen, sowie deine Partnerin während der Kinderwunschzeit, der Schwangerschaft, der Geburt und während des ersten Lebensjahres deines Nachwuchses zu unterstützen.

Wenn du auf die Seite vaterwerdenfueranfaenger.de gehst und dich für meinen Newsletter anmeldest, dann bekommst du mein kostenloses Download-Paket mit allen Checklisten. Und zusätzlich noch einen Geburtsplan, ein Anschreiben um den Geburtsbericht anzufordern, eine Excel-Tabelle zum selber ausfüllen, die den Gewichtsverlauf widerspiegelt, sowie zwei Mustervorlagen zum beantragen des Elterngeldes und ein Anschreiben für den Arbeitgeber, wo du diesen über euren Nachwuchs informierst, alles im praktischen PDF-Format.

Der marokkanische Sultan Mulai Ismail hatte zwar 888 Kinder, er hat sich aber nicht weiter für seinen Nachwuchs interessiert. Erst als die männlichen Nachkommen im Alter waren, um in seiner Armee zu dienen, hat der Herrscher ihnen seine Aufmerksamkeit gewidmet. Ich bin mir sicher, dass du ein viel besserer Vater für deine Tochter, oder deinen Sohn sein wirst und dich liebevoll und intensiv um den gerade angekommenen Sprössling kümmern wirst.

Wenn dir das Buch gefallen hat, dann hinterlasse doch bitte eine positive Bewertung. Und wenn nicht, dann freue ich mich, wenn du vor der Abgabe deiner Bewertung mir eine Nachricht schreibst. Dass wir gemeinsam über das Problem sprechen können und ich eventuell die fraglichen, oder fehlerhaften, Stellen in meinem Buch ändern kann.

Ich bin jetzt so tief mit dem Thema verbunden, dass ich unbedingt weitermachen möchte. Geplant sind noch mindestens fünf weitere Bücher über die einzelnen Entwicklungsabschnitte unseres und aller anderen Kinder, von zwei Jahren bis hin zur Pubertät. Ihr dürft also gespannt sein. Auch über die Neuerscheinungen werdet ihr in meinem Newsletter informiert. Bis dahin, alles Gute! *Euer Jonas*

Adressen

Allgemein

www.familienplanung.de

www.hebammenverband.de/ und www.bfhd.de

www.familienhandbuch.de

www.pekip.de

www.kindergesundheit-info.de

www.familienportal.de

www.babycenter.de

Väter

http://www.vaeterblog.de/

www.vaeter.de

Geld und Beruf

www.bmfsfj.de

www.mittelstand-und-familie.de

Paarbeziehung

www.profamilia.de

Internetforen

www.eltern.de/foren/vaeter

www.urbia.de/forum/57-forum-fuer-vaeter

Bücher (Literaturverzeichnis)

Zart, Birgit: *Kinderwunsch: Die besten ganzheitlichen Rezepte, um natürlich schwanger zu werden*, ISBN 978-383384137

Maiwald, Stefan: *Wir sind Papa!: Was Väter wirklich wissen müssen*, ISBN 978-3833836251

Busemann, Christian: *Papa To Go: Schnellkurs für werdende Väter*, ISBN 978-3442171132

McCormick, Frank: *Papa Ratgeber – Das Überlebensbuch für werdende Väter - Von Lügen und Wahrheiten, auf die Euch keiner vorbereitet hat!*, ISBN 978-1984049933

Löffler, Constanze: *Männer weinen nicht: Depression bei Männern Anzeichen erkennen – Symptome behandeln – Betroffene unterstützen*, ISBN 978-3442173204

Süfke, Björn: *Männerseelen: Ein psychologischer Reiseführer*, ISBN 978-3442156078

Stadelmann, Ingeborg: *Die Hebammen-Sprechstunde: Schwangerschaft, Geburt, Wochenbett, Stillzeit – eine einfühlsame Begleitung mit Aromatherapie, Bachblüten, Homöopathie und Pflanzenheilkunde*, ISBN 978-3943793888

Largo, H. Remo: *Babyjahre: Entwicklung und Erziehung in den ersten vier Jahren*, ISBN 978-3492306843

Nolden, Anette und Stephan Heinrich: *Das große Buch für Babys erstes Jahr: Das Standardwerk für die ersten 12 Monate*, ISBN 978-3833825330

Imlau, Nora: *Crashkurs Baby: Anleitung für ungeübte......garantiert ohne Schnickschnack*, ISBN 978-3868202830

Clement, Ulrich: *Guter Sex trotz Liebe: Wege aus der verkehrsberuhigten Zone*, ISBN 978-3548375670

Gottmann, John M.: *Die 7 Geheimnisse der glücklichen Ehe*, ISBN 978-3548363363

Simoens, Anna Nina; Pallasch, Anja: Babypedia: *Elterngeld, Elternzeit, Anträge, Finanzen, Rechtsfragen, Ausstattung - Checklisten, Links, Apps, Literatur - Aktualisierte und überarbeitete Neuauflage März 2018*, ISBN 978-3442175642

Claudia & Jonas Weidner

Kinder verstehen, erziehen und stärken

Wie Sie Wutausbrüche und Trotzphasen von Ihrem Wunschkind souverän meistern

Alles über konsequente Erziehung, Rituale, Abnabelung und Entwicklungsphasen

Das Selbstvertrauen und Selbstbewusstsein Ihres Nachwuchses gezielt stärken

The Honest Guide, 101 Seiten

ISBN 978-1086026603

Claudia & Jonas Weidner

Kinder liebevoll und konsequent erziehen

Alles über die Einschulung, den Schulanfang und einen gelungenen Start an der Grundschule

Wie Sie die Resilienz und Konzentration Ihres Nachwuchses gezielt fördern

Was Ihr Mädchen, oder Junge bei Mobbing unternehmen kann

The Honest Guide, 114 Seiten

ISBN 978-1701633612

Rechtliches

Impressum

Jonas Weidner wird vertreten durch:

Ronny Quaas

Leipziger Straße 72

08056 Zwickau

E-Mail: info@vaterwerdenfueranfaenger.de

Web: www.vaterwerdenfueranfaenger.de

Coverbilder

Lauria | Fiverr

Haftung für externe Links / Haftungsausschluss

Das Buch enthält Links zu externen Webseiten Dritter, auf deren Inhalt der Autor keinen Einfluss hat. Deshalb kann für die Inhalte externer Inhalte keine Gewähr übernommen werden. Für die Inhalte der verlinkten Webseiten ist der jeweilige Anbieter oder Betreiber der Webseite verantwortlich. Die verlinkten Seiten wurden zum Zeitpunkt der Verlinkung auf mögliche Rechtsverstöße überprüft. Rechtswidrige Inhalte waren zum Zeitpunkt der Verlinkung nicht erkennbar. Eine permanente inhaltliche Kontrolle der verlinkten Webseiten ist jedoch ohne konkrete Anhaltspunkte einer Rechtsverletzung nicht zumutbar. Bei Bekanntwerden von Rechtsverletzungen werden derartige Links umgehend entfernt.

Die Benutzung dieses Buches und die Umsetzung, der darin enthaltenen Informationen erfolgt ausdrücklich auf eigenes Risiko. Der Verlag und auch der Autor können für etwaige Unfälle und Schäden jeder Art, die sich beim Besuch der in diesem Buch aufgeführten Orten ergeben (z. B. aufgrund fehlender Sicherheitshinweise), aus keinem Rechtsgrund eine Haftung übernehmen. Haftungsansprüche gegen den Verlag und den Autor für Schäden materieller oder ideeller Art, die durch die Nutzung oder Nichtnutzung der Informationen und durch die Nutzung fehlerhafter und/oder unvollständiger Informationen verursacht wurden, sind grundsätzlich ausgeschlossen. Rechts- und Schadenersatzansprüche sind daher ausgeschlossen. Das Werk inklusive aller Inhalte wurde unter größter Sorgfalt erarbeitet. Der Verlag und der Autor übernimmt jedoch keine Gewähr für die Aktualität, Korrektheit, Vollständigkeit und Qualität der bereitgestellten Informationen. Druckfehler und Falschinformationen können nicht vollständig ausgeschlossen werden. Der Verlag und auch der Autor übernehmen keine Haftung für die Aktualität, Richtigkeit und Vollständigkeit der Inhalte des Buches, ebenso nicht für Druckfehler. Es kann keine juristische Verantwortung sowie Haftung in irgendeiner Form für fehlerhafte Angaben und daraus entstandenen Folgen vom Verlag und Autor übernommen werden. Für die Inhalte von den in diesem Buch abgedruckten Internetseiten sind ausschließlich die Betreiber der jeweiligen Internetseiten verantwortlich. Der Verlag und der Autor haben keinen Einfluss auf Gestaltung und Inhalte fremder Internetseiten. Verlag und Autor distanzieren sich daher von allen fremden Inhalten. Zum Zeitpunkt der Verwendung waren keinerlei illegalen Inhalte auf den Webseiten vorhanden.

Notizen

Printed in Poland
by Amazon Fulfillment
Poland Sp. z o.o., Wrocław

65875122R00072